그림책에 흔들리다

그림책에 흔들리다

김미자 지음

낮은산

| 들어가며 |

도서관 가는 길

　도서관 가는 길, 2011년에 차린 그림책 카페 이름입니다. 구로구에 있는 고척 도서관 바로 옆이라 카페 이름을 그렇게 지었습니다. '도서관 가는 길' 간판을 달고 그 아래에다 '커피와 그림책'이라 써넣었습니다.

　그림책을 가지고 동네 사람들과 소통하고 싶어 20년 넘게 우리 집 아이들과 함께 읽고 좋아했던 그림책을 카페 한쪽에 꽂았습니다. 그렇지만 처음 해 보는 가게 일을 익히느라 카페를 열고 1년이 다 되도록 그림책 쪽으로 고개를 돌릴 틈이 없었습니다. 카페에 커피 마시러 오는 손님들에게 그림책 이야기를 꺼내는 것도 쉽지 않았습니다. 어떤 말로 시작할까 생각하다가 또 다른 일에 묻혀 시간이 지나가 버렸습니다.

그림책에 흔들리는 사람들

"4학년 남자아이를 이해하는 좋은 그림책을 소개받고 싶어요."

어느 날 준호 엄마라는 분이 남긴 쪽지를 전해 받았습니다. 준호 엄마는 회사 일이 끝나고 집으로 돌아가는 길에 몇 번 카페에 들렀지만 그때마다 시간이 맞지 않아 나를 만나지 못했다고 했습니다.

며칠이 흘러 드디어 준호 엄마 선주 씨와 얼굴을 마주하고 앉아 차를 마셨습니다. 선주 씨는 깔끔한 정장 차림으로 또박또박 이야기를 했습니다. 말하는 중간 어금니에 살짝 힘을 주는 버릇이 있었어요. 선주 씨는 아이가 4학년이 되는 즈음에 뭔가 잘못되었다는 느낌이 자꾸 생긴다고 했습니다. 오랜 시간 직장에서 일하며 최소의 시간에 최고의 능률을 얻어 내는 일이 몸에 배어 있다 보니 효율, 능률, 그런 단어를 빼고 아이를 만나는 일이 참 어렵답니다. 선주 씨는 아이와 함께 무엇이라도 해야 할 것 같아 이미 휴직을 결정해 놓았습니다. 아들을 키워 본 엄마로서 그 시기 선주 씨의 막막한 마음을 충분히 이해할 수 있었습니다. 이런저런 말끝에 나는 꽤 멋진 말을 한 것 같습니다.

"우리가 엄마로 사는 것은 아이를 잘 키우기 위해서가 아닌가 봐요. 우리 부족한 게 뭔지 발견하라고 엄마인가 봐요. 문제를 바로 해결해 주는 그림책은 없지만 상황을 만나게 하는 그림책은

들어가며

많아요!"

그날 헤어지기 전에 나는 책꽂이에서 그림책 『넉 점 반』(윤석중 시, 이영경 그림, 창비)을 꺼내 선주 씨와 같이 읽었습니다. 『넉 점 반』은 시대 배경이 1940년대쯤, 아주 옛날이라고 할 수도 없고 또 옛날이 아니라고도 할 수 없는 때입니다. 그림책에서 엄마는 다섯 살 정도로 보이는 딸에게 심부름을 시킵니다. 가겟방에 가서 지금 몇 시인지 알아 오라는 것입니다. 아이가 부지런히 다녀오면 5분이 채 안 걸리는 가까운 곳에 가겟방이 있어요.

"영감님 영감님
엄마가 시방
몇 시냐구요."

"넉 점 반이다."

영감님에게 답을 들은 아이는 집으로 가는 대신 다른 길로 접어듭니다. 아이는 가게 앞에서 물을 먹고 있는 닭에 정신을 빼앗기더니 이어서 꼬물꼬물 줄 지어 가는 개미를 지켜봅니다. 하늘을 나는 잠자리를 따라가면서 아이는 점점 멀리 갑니다. 아이는 어느새 넓은 신작로에 와서 길가 꽃밭에 털썩 주저앉아 "니나니 나니나" 노래를 부릅니다. 가겟방을 나와 두 시간쯤 지났나 봅니다. 저 스스로 생긴 호기심을 따라 두 시간을 잘 놀고 난 아이는 본능적으로 집에 가야 한다는 걸 깨달았겠지요. 저녁때가 다 되어 아이는 분명히 배가 고팠을 것입니다. 저고리에 흙을 묻히고, 치마에 꽃물을 들이고 꼬질꼬질해진 채로 돌아온 아이는 뒤늦게 엄마 심부름이 생각나 말합니다.

"엄마 시방 넉 점 반이래."

그림책을 다 보고 난 선주 씨는 주인공 아이가 자기 어렸을 때 모습이랑 똑같이 닮았다고 좋아하며 말합니다.
"그림책이 이런 거군요."
얼마 뒤 휴직한 선주 씨가 카페에 왔습니다. 선주 씨는 꽉 맞는 정장 대신 헐렁한 옷을 입고 있었습니다. 옷은 헐렁해졌지만 시간만큼은 헐렁하게 쓸 수 없다는 듯이 하루를 잘 쪼개어 알차게 보내고 있었습니다. 오전에 선주 씨는 준호를 학교에 보내고 곧장 도서관으로 가서 책을 읽는답니다. 두 시간 동안 책을 읽고 나서 엄마 집으로 가 살림을 도와 드리고, 준호가 학교에서 오기 전에 집으로 돌아옵니다. 선주 씨는 회사 다닐 때보다 시간이 더 빨리 지나간다고 합니다.

선주 씨는 여느 때처럼 엄마 집에 가서 일을 하고 현관에서 신을 신다가 갑자기 『넉 점 반』이 생각났답니다. 하필 그때 그곳에

들어가며

서 엄마 심부름을 잊은 채 개미, 잠자리를 따라 한눈을 팔고 놀던 자기 닮은 여자아이가 생각났답니다.

'내가 지금 뭐하는 건가? 나는 왜 이렇게 날마다 바쁜 건가?'

그날 선주 씨는 뒤에 기다리고 있는 일들을 생각하지 않고 다시 집으로 들어가 엄마와 이야기를 나누었답니다. 선주 씨는 "제가 작정하고 한눈팔고 왔어요."라고 말했지만 선주 씨가 순간의 마음을 바꾸어 엄마와 함께 보낸 시간이 어떤 것인지를 우리는 압니다.

효율과 순간 판단을 중요하게 생각하며 살아온 선주 씨에게 『넉 점 반』이 말을 걸어온 것일까요? 선주 씨 안에 있는 어린 선주가 엄마랑 더 있고 싶었나 봅니다. 그걸 어른 선주가 알아차리고 행동으로 옮긴 것입니다.

선주 씨는 아들 준호랑 가까운 강화도로 걷기 여행을 시작하더니 여름방학 때는 멀리 경주까지 다녀왔습니다. 선주 씨와 준호는 하도 걸어서 얼굴이 똑같이 까맣게 탔습니다. 그해 선주 씨와 준호는 두 시간을 넘어 한 학기를 넘어 일 년 내내 한눈을 팔고 있었습니다.

선주 씨와 준호는 가끔 카페에 들러 여행 이야기를 들려주었습니다. 여행길에서 엄마와 아들은 마음이 맞지 않아 힘들다가도 결국 둘밖에는 의지할 사람이 없어 곧 마음을 풀었다고 했습니다. 엄마와 아들이 나란히 집으로 걸어가는 뒷모습을 나는 오래

오래 바라보았습니다.

그리고 나는 『넉 점 반』에 얽힌 기적 같은 이야기 하나를 더 얻었습니다. 준호와 배낭 메고 실컷 걸어 다니고 도서관에서 그림책이랑 뒹굴던 선주 씨, 어느 날 나는 그 선주 씨 얼굴을 들여다보면서 놀라운 점을 보았습니다.

"선주 씨 알아요? 말할 때마다 어금니에 힘을 꼭꼭 주면서 틀리지 않으려고 했던 거, 요즘 어금니 꼭꼭 안 물지요? 지금 보니 선주 씨 얼굴 동그래요."

"아……, 그래요? 전 어릴 때부터 집안 가장이었어요. 갑자기 어려워진 집안 형편 때문에 일하면서 고등학교 때부터 장학금 놓칠까 봐 이를 악물고 공부했어요. 그때부터 턱이 네모가 됐나 봐요. 우리 집에서 나만 이래요."

아들 준호 얘기 말고는 자기 이야기를 잘 안 하는 선주 씨가 이 말을 해 놓고는 저랑 둘이 시원하게 울었습니다. 잘나가던 직장을 잠시 멈추어야 할 만큼 선주 씨를 힘들게 했던 건, 어쩌면 지금 선주 씨 옆에 있는 4학년 아들이 아니었을지도 모릅니다. 어릴 때부터 무겁게 맡겨진 집안일들, 학교 공부를 똑똑하게 해내려고 이를 악물고 지냈던 시간이 너무 길었던 겁니다. 그걸 아들 준호가 건드려 주었을 뿐이겠지요. 선주 씨가 『넉 점 반』에 흔들린 것은 참 다행인 일입니다.

들어가며

그림책 꽃밭

'도서관 가는 길' 간판을 내걸고 커피를 팔기 시작한 지 2년이 지났습니다. 그림책을 보기 위해 아이를 데리고 우리 카페에 오는 손님들이 하나둘 늘어 가면서 나는 그동안 마음속에 있던 것을 실행에 옮기기로 마음먹었습니다. 앞에서 얘기한 선주 씨와 단골 엄마들의 도움을 받아 그림책 모임을 꾸리기로 했습니다. 구로구 엄마들끼리 모여 정보를 나누는 인터넷 카페에 글을 올렸더니 꽤 많은 엄마들이 그림책 읽고 글쓰기를 하고 싶다고 댓글을 올렸습니다. 어쩔 수 없이 열 명으로 마감을 하고, 모임을 준비하던 사람들까지 모두 열다섯 명이 모였습니다.

우리 모임의 처음 이름은 '그림책 인문'이었습니다. 한 달에 두 번 그림책을 읽고 글을 써 오기, 그림책 이야기 나누기 등 몇 가지 약속을 만들어 모임을 시작했습니다. 모임에서 두 번째 읽은 그림책이 바로 『오소리네 집 꽃밭』(권정생 글, 정승각 그림, 길벗어린이)이었습니다.

모임 날 회원 모두 글을 써 왔습니다. 어느 날 오소리네 집 꽃밭에 불어온 회오리바람, 그 회오리바람에 날아간 오소리 아줌마를 따라가며 회원들은 자기 마음과 살아온 이야기를 풀어내는 글을 써 왔습니다. 약속대로 돌아가면서 글을 읽고 이야기를 나누는 동안 우리는 몇 번을 함께 울었습니다.

하나 씨는 일곱 살 때 유치원에 불이 나는 바람에 팔과 손, 목에 화상을 많이 입었습니다. 화상 치료를 하고 초등학교에 입학했지만 짝꿍이 자기를 보며 괴물 같다고 울어 대는 바람에 학교를 다닐 수가 없었습니다. 선생님들조차 쩔쩔매기만 하고 해결하지 못하여 할 수 없이 어린 하나 씨는 멀리 하와이로 보내졌습니다. 그곳에서 20년 동안 서른 번 가까이 화상 재수술을 받으며 어른이 되었습니다. 하나 씨는 결혼하여 아이를 낳고 다시 한국으로 왔습니다. 하나 씨 혼자 연년생 두 남자아이를 키우며 체력과 인내가 바닥이 날 쯤에 우리 모임에 들어와 그림책을 만났습니다. 하나 씨는 외롭고 두려웠던 어린 시절을 잘 견뎌 낸 자신을 제대로 위로해 준 적이 없다고 했습니다. 하나 씨는 『오소리네 집 꽃밭』에서 오소리네 집에 불어온 회오리바람을 눈여겨보았습니다. 자기 인생에서 그런 바람은 이제 끝났다고 했습니다. 바람을 잘 이겨낸 자신에게 오소리 부부네 뒷산 꽃들을 선물로 주고 싶다고 말했습니다.

　민정 씨는 인천에 있는 중학교 사회 선생님입니다. 임신으로 휴직을 하고 쉬는 중에 그림책 모임에 들어왔습니다. 민정 씨는 『오소리네 집 꽃밭』 그림을 보며 고향 양산을 떠올렸습니다. 바쁜 엄마 대신 외할머니가 자기를 키웠고, 외할머니와 살았던 시간과 추억이 지금 몹시 그립다고 했습니다. 새로 태어날 아기에게 엄마 고향과 외할머니 얘기를 해 주는데, 왜 그리 눈물이 나는 걸까

들어가며

요? 산에 불이 나면 마을 어른들은 물동이를 들고 산으로 올라가고 반대로 산에 있던 동물들은 뜨거운 불을 피해 학교 운동장으로 내려왔답니다. 아이들은 이때 멧돼지, 꿩, 토끼에 오소리까지, 산에서 내려온 온갖 동물을 구경했답니다. 같은 시대를 살고 있는 사람이라 믿겨지지 않을 만큼 신비로운 이야기를 민정 씨에게 들었습니다.

바람이 불어오면 부는 대로 흔들리겠다는 사람, 또 바람이 불어와도 이제부터는 흔들림 없이 내 인생을 살겠다는 사람, 올봄부터 텃밭과 꽃밭을 가꾸기 시작했다는 사람 들의 이야기가 한참 동안 오갔습니다.

이날 우리는 '그림책 인문'이라는 어려운 모임 이름을 '그림책 꽃밭'으로 바꾸었습니다.

끝없는 그림책 이야기

카페에 오는 손님들은 보통 손님들끼리 시간을 보내고 가지만, 가끔 자기 고민을 나에게 털어놓고 같이 얘기 나누길 바라는 사람이 있습니다. 그럴 때 나는 책꽂이에 있는 그림책 중에서 그 사람을 위로할 수 있는 그림책을 꺼내 보여 줍니다. 바쁘지 않을 땐 손님 옆으로 의자를 가져다 놓고 그림책을 읽어 주기도 합니다.

어머니를 하늘나라로 보내고 온 손님에게 『할머니가 남긴 선물』(마거릿 와일드 글, 론 브룩스 그림, 시공주니어)을 읽어 주었습니다. 손녀와 단둘이 사는 돼지 할머니는 자신의 삶이 다했다는 것을 알아차립니다. 혼자 남겨질 손녀와 함께 마을을 산책하며 할머니가 하는 이야기들, 함께 보는 장면들이 그림책 내용입니다.

카페가 고척 고등학교 바로 앞에 있다 보니, 가끔 야자를 빼먹고 카페에 와서 놀다 가는 학생들이 있습니다. 드물지만 그 학생들 중에 책꽂이에 꽂힌 그림책을 보고 자기도 모르게 책을 빼내는 학생이 있습니다. 『치과 의사 드소토 선생님』, 『강아지똥』, 『누가 내 머리에 똥 쌌어?』 같은 그림책을 보고 혼잣말을 합니다.

"이거 내가 어릴 때 보던 그림책인데…….''

교복 입은 커다란 고등학생이 책장 앞에 선 채로 그림책을 한 장 한 장 넘깁니다. 아이 부모님이나 학교 선생님이 만나지 못하는 예쁜 장면입니다.

손님들은 그림책 책꽂이 앞에 서서 이런 질문을 많이 합니다.

"우리 아이가 지금 몇 살인데, 무슨 책을 읽을까요?''

나는 대답을 미룹니다. 그리고 아이와 엄마가 카페에 앉아 있는 모습을 30분 정도 지켜봅니다. 그러면 그 아이에게 읽어 주면 좋을 그림책이 딱 떠오릅니다. 그림책 속에는 너무나도 다양한 아이들이 나오기 때문에 단순히 나이만 생각하기보다는 어떤 아이가 나오는지, 어떤 사건을 다루고 있는지, 어떤 상황에 맞는 그림책인지를 생각해서 고르는 게 더 좋습니다.

들어가며

예를 들어, 둘째를 낳은 엄마는 큰아이와의 사이에서 본인도 어쩌지 못하는 미움과 또 미안함을 가지고 속을 끓입니다. 이럴 때는 『피터의 의자』(에즈라 잭 키츠 글·그림, 시공주니어)만 한 그림책이 없습니다. 이 책에는 새로 태어난 동생에게 엄마의 관심을 빼앗긴 아이 피터가 주인공으로 나옵니다. 안아 달라고 칭얼대는 큰아이, 그러면 안 되는 것을 알면서도 엄마는 어느새 큰아이를 밀어내고 울적해합니다. 그런 엄마들에게 작은 힌트를 주고 마음을 위로해 주는 그림책입니다.

그림책 한 권이 인생 전체를 바꾸어 놓지는 않지만 마음을 흔들어 놓는 일은 참 많습니다. 가끔 그림책 한 권을 읽고 그 흔들리는 마음을 어쩌지 못해 바로 카페로 달려오는 손님이 있습니다. 반대로 그림책을 보고 나서 찾아오는 마음의 변화를 표현하지 않고 조용히 가지고 가는 사람도 있습니다.

나는 그림책을 보고 느낀 내 마음의 흔들림이나 깨달음을 사람들과 이야기하는 것을 좋아합니다. 그림책을 가지고 만난 사람들 이야기, 그림책을 선물한 이야기, 그때 마침 내 옆에 있던 그림책이 건넨 위로의 이야기를 이제 시작하려 합니다.

| 차례 |

들어가며 **005**

01 아이를 키우며

지금 당장 해야 하는 일, 내일은 할 수 없는 일이 있다 『내 토끼 어딨어?』 **020**
우리 엄마 아빠도 공룡처럼 싸워요 『눈물바다』 **027**
좋은 일과 나쁜 일을 겪으며 아이들은 자란다 『메아리』 **034**
큰아이 자리에 놓인 마음을 누가 알아줄까? 『피터의 의자』 **042**
어느 날 누나가 된 어린 소원이에게 『누나가 좋다』 **051**
아이들이 '그냥' '몰라'를 말하는 이유 『책 씻는 날』 **058**
먼 길 떠나는 아들에게 『아모스와 보리스』 **065**

02 나 어릴 적에

아버지 가슴에도 붉은 말이 있었다 『행복한 청소부』 **074**
엄마와 나만 아는 시간, 엄마도 기억하고 계실까? 『조그만 발명가』 **081**
강원도 할아버지가 남긴 선물 『우리 할아버지』 **088**
토끼 닮은 사람이 있던 자리 『용구 삼촌』 **096**
꼭 듣고 싶은 말을 해 주는 사람이 있어서 다행이다 『느끼는 대로』 **105**
엄마와 나를 잇는 끈 하나 『뒹굴뒹굴 총각이 꼰 새끼 서 발』 **112**

03 몸이 말을 걸어올 때

화를 만나기 위해 때때로 집을 나간다 『소피가 화나면, 정말 정말 화나면』 122
슬프고 또 좋은 딸 『딸은 좋다』 131
마음의 소리를 발견한 수요일의 여자들 『나, 화가가 되고 싶어!』 137
다섯 살 아이처럼 살기 『하지만 하지만 할머니』 143
포도 스무 알씩 먹고 살아 있어 『살아 있어』 150
지구인을 위한 예식 『우주의 말』 160

04 어른으로 산다는 것

동물원 나들이에서 배운 것 『동물원』 168
제대로 따라 하기 『위를 봐요』 175
앗살람 알라이쿰, 다시 꾸는 꿈들 『그 꿈들』 181
더없이 좋은 이유, '그냥' 『오소리네 집 꽃밭』 190
자꾸자꾸 가난해지는 나이를 맞이하며 『구두장이 꼬마 요정』 196
이야기보따리 풀어 놓기 『이야기 주머니 이야기』 204

01
아이를 키우며

처음 엄마가 되던 날, 작은 생명 덩어리,
그 존재의 맑은 눈을 바라보며 탄성을 질렀던
그 순간을 기억합니다.
그러던 엄마가 더 이상 아이와 눈을 마주치지 않고,
아이 말을 들어주지 않습니다.
아이는 이제 어디를 바라보고 걸어가야 하는 걸까요?

지금 당장 해야 하는 일,
내일은 할 수 없는 일이 있다

『내 토끼 어딨어?』 모 윌렘스 글·그림 | 정회성 옮김 | 살림어린이

아이들이 다니는 유치원에서는 날마다 무슨 일이 생겨날까? 아침에 유치원 문 앞에서 아이와 헤어지는 부모들은 아이를 들여보내고 못내 아쉬워 유치원 낮은 담장을 기웃거린다. 『내 토끼 어딨어?』는 유치원을 배경으로 하는 그림책이다. 이런 책을 보면 아이를 따라 유치원에 들어가 본 것처럼 재미나고 반갑다.

『내 토끼 어딨어?』에 나오는 여자아이 트릭시는 몇 살일까? 말도 곧잘 하고, 유치원 친구 이름을 열 명 넘게 외워서 말하는 걸로 봐서 여섯 살쯤 되었을까?

트릭시가 제일 아끼는 토끼 인형을 친구들에게 자랑하고 싶어 유치원에 가져간 날, 하필이면 또 한 친구가 똑같은 토끼 인형을 가지고 나타난다. 유치원 선생님이 두 아이 인형을 맡아 두었다가 집에 갈 때 돌려준다는 게 그만 인형을 서로 바꿔 버렸다. 트릭시는 집에 가져온 토끼 인형이 자기 것이 아니라는 것을 하필이면 한밤중에 잠을 자다가 알아차리고는 엄마 아빠 방으로 당장 달려간다. 잠에서 깬 엄마 아빠는 이렇게 말한다.

"지금은 자고 아침에 일어나서 찾아보자."

한 가지 우리가 알아야 할 사실은 트릭시만 한 어린아이는 '이담에, 이따가, 나중에' 같은 미래를 잘 이해하지 못한다는 것이다.

다행히 트릭시 아빠는 딸아이 말을 거역할 수 없다는 걸 짧은 순간 깨닫는다. 마침 트릭시의 토끼 인형을 가져간 아이 집에서도 똑같은 일이 벌어져 있었다. 캄캄한 밤중에 아빠들은 딸의 토끼 인형을 되찾기 위해 토끼 귀를 꼭 잡고 집을 나와 달리기 시작한다.

트릭시 아빠와 소냐 아빠는 서로 꼬마 토끼를 바꾸었어요.
마침내 꼬마 토끼는 진짜 주인에게 돌아가게 되었어요.

딸들의 마음을 바로 헤아려 준 아빠들의 도움으로 두 아이는 진짜 자기 토끼를 찾는다. 그리고 서로를 가리키며 이렇게 말한다.

네 꼬마 토끼를 다시 찾게 되어서 기뻐!

'내 꼬마 토끼'가 아니라 '네 꼬마 토끼'란다. 자기와 똑같이 슬퍼했을 친구의 마음을 헤아린 두 아이는 서로를 보며 한바탕 웃음을 터뜨린다.

나의 외사촌 조카 준호가 2년 전 결혼하여 아들 서진이를 낳았다. 돌이 갓 지난 서진이는 뒤뚱뒤뚱 걸음마를 시작하여 지금 열심히 걷기 연습 중이다. 서진이 엄마는 14개월 육아휴직 기간이 끝나고 돌아오는 월요일부터 회사에 나간다. 하필 새로 발령

 지금 당장 해야 하는 일, 내일은 할 수 없는 일이 있다

받은 곳이 출근 시간만 두 시간이 걸리는 먼 곳에 있어 아기를 친정에 5일 동안 맡기고 주말에만 데려오기로 결정했단다. 그 말을 하는 동안도 서진이 엄마는 울먹거렸다. 왜 아니겠는가? 14개월 동안 서진이 엄마는 아기를 손에서 내려놓지 않고 정성을 다해 키웠다. 내가 뭐라고 조카 부부에게 말을 할 수 있겠나? 입 밖으로 나오지 못하는 많은 말들이 머리를 맴돌아 나는 그날 하루 일이 손에 잡히지 않았다. 인간은 슬픔을 스스로 만들며 살아가는 존재란 생각이 들었다.

  서진이 아빠는 일찍부터 부모를 떠나 객지 생활을 했다. 고등학교 때, 우리 집에서 몇 년 같이 지내면서 나는 그 아이가 마음을 쉽게 열지 않고 말을 잘 안 하는 내성적인 아이라고 이해했다. 그런 조카가 취직을 하고 가정을 꾸리고 또 아이 낳고 사는 걸 보면서 나는 내 일처럼 좋았다. 아기에게 이모할머니가 되는 나는 예쁜 서진이가 보고 싶어 휴대전화로 영상통화를 걸어 낯선 이모할머니 얼굴 대신 집에 있는 인형을 화면에 보여 주면서 아기 시선을 끌었다. 내가 그런 행동을 하고 있으면 우리 식구들은 나를 '주책 할머니'라고 말하면서도 집 안 구석구석 있는 인형을 모아 내 옆에다 놓아 준다. 아기 하나가 대체 몇 사람을 웃게 하는가?

  돌아오는 월요일부터는 일을 마친 부부가 퇴근하여 아기 없는 아파트에서 저녁은 제대로 먹을까? 아기가 옆에 없으니 마음 한쪽은 늘 허전하고 미안하고……. 그렇게 하루하루 견딜 것이다.

그런데 이 그림책에 나오는 트릭시처럼, 우리 서진이가 잠을 자다가 벌떡 일어나 '지금 당장' 엄마 아빠 보고 싶다고 하면, 그네 타러 나가자고 하면, 뽀로로 인형 가져오라 하면 누가 그 소리를 알아채고 '지금 당장' 행동으로 옮길 것인가?

날마다 쏟아 내는 아이들의 엉뚱한 부탁을 부모들이 다 들어주어야 하는 것은 아니지만, 트릭시처럼 아이가 나름의 간절함을 품고 '지금 아니면 안 된다.'라고 하는 상황이 있다. 이런 특별한 상황을 부모가 반복해서 놓치다 보면 아이는 자연스레 그런 부모를 머리로 받아들일 수밖에 없다.

어린아이를 키우는 부모일수록 설명하지 말고 몸으로 아이 말을 따라 주어야 하는 순간이 있음을 알아야 한다. 트릭시 아빠는 그 순간을 놓치지 않은 덕분에 딸과 함께 소중한 경험 하나를 얻었다.

아이들은 밥상에 앉아 엄마 아빠 얼굴 보며 밥을 먹고, 아이스크림 먹고, 유치원 얘기, 학교 얘기 하면서 살아야 한다. 그런 날들 속에서 식구들은 서로 기호와 식성, 그리고 마음이 닮아 있다는 것을 발견한다. 서로 믿어도 된다는 작은 마음, 트릭시가 새벽 2시에 아빠 엄마 방으로 가 막무가내로 토끼 인형을 '지금 당장' 찾아야 한다고 말하는 것은 그렇게 쌓인 마음들 덕분에 가능한 것이다.

이 글을 쓰면서 서진이 엄마와 긴 글을 주고받았다. 고맙게도

 지금 당장 해야 하는 일, 내일은 할 수 없는 일이 있다

서진이 엄마는 결혼, 육아, 복직이라는 바쁜 일을 겪으며 미루어 두었던 힘든 마음을 처음으로 길게 길게 글로 풀어냈다. 서진이 엄마는 아기를 친정 엄마에게 맡기는 게 아기에게만 미안한 일이 아니라 했다. 어린 서진이를 보며 힘들어하는 친정 부모님을 생각하면 마음이 괴롭다고 했다. 복직을 결심하기까지 아기에게 미안한 마음 끝에까지 가 보고, 친정 부모님에게 죄송한 마음 끝에까지 갔다가 다시 오기를 반복했다.

서진이 엄마와 비슷한 처지의 동료들은 크게 두 부류로 나뉘었다. 아이 봐 줄 사람을 찾지 못해 어쩔 수 없이 일을 포기해야 하는 사람과 일은 하고 있지만 아이와 시간을 갖지 못하고 있다는 자책감을 지닌 사람. 아직 서툴지만 새내기 엄마들은 아기에게 좋은 엄마가 되고 싶다는 소망을 포기하지 않고 날마다 고민하는 중이었다. 서진이 엄마가 보낸 긴 편지의 한 문장 한 문장이 모두 내 가슴에 안타깝게 박혔다.

"선택을 하기가 너무 어렵고 괴로워요. 회사 다니는 엄마가 살기 너무 힘든 나라예요."

조카 부부는 이 시대를 살아가는 아주 평범한 새내기 엄마 아빠일 뿐이다. 우리 시대 정치가들은 아기가 태어난 가정에서 생겨나는 다양한 문제들을 놓고 고민해야 한다. 아이를 키우느라 하고 싶은 일을 못하고 있는 엄마, 반대로 일을 하느라 아이와 시간을 갖지 못하는 엄마는 똑같이 행복하지 않다. 이 땅에 태어난 아기들이 잘 자라기 위해 정치와 사회제도가 나서 주면 제일 좋겠지만, 그것만 기다리며 시간을 보낼 수 없는 형편이다.

이 글을 쓰는 중에 본 한 신문 기사에는 우리나라 어린이들이 부모와 함께하는 시간이 하루 평균 48분밖에 안 된다는 답답한 현실이 실려 있었다. 특히 아빠가 자녀와 보내는 시간은 하루에 6분밖에 되지 않는단다. 이 기사를 본 많은 사람들은 일터에서 일하는 시간이 줄어들지 않으면 변할 수 없는 현실이라 말한다. 원인을 찾다 보면 마음이 더 답답해진다.

답답한 것이 많은 현실에서 우리에게 단비 같은 기쁨을 주는 것 하나가 아기라는 존재다. 그 귀한 존재를 키우는 부모는 삶에서 소중한 것이 무엇인가를 날마다 물으며 살아야 한다. 트릭시가 한밤중에 일어나 '지금 당장'을 외쳤던 것처럼 아기를 키우는 우리들도 '지금 당장' 꼭 해야 하는 일들이 있다. 내일은 할 수 없는 일들이 있다.

 지금 당장 해야 하는 일, 내일은 할 수 없는 일이 있다

우리 엄마 아빠도 공룡처럼 싸워요

『눈물바다』 서현 글·그림 | 사계절

저녁 여섯 시쯤 손님 없는 카페 구석 자리에 어두운 얼굴을 한 젊은 여자 손님 둘이 들어와 앉았다. 이 두 사람의 얼굴에 시름이 너무 깊어 나는 그만 실례인 줄 알면서도 그 둘이 나누는 이야기를 엿듣고 말았다. 두 손님의 아들들은 초등학교 1학년, 반에서 서로 친하게 지내는 친구란다. 그런데 오늘 학교에서 깜짝 놀랄 만한 큰 사고가 있었다. 단짝처럼 지내던 두 아이가 티격태격 말다툼을 하다가 갑자기 한 아이가 돌변하여 우산대를 들고 친구를 마구 찔렀다는 것이다. 방어할 틈 없이 친구에게 당하여 상처가 난 아이는 피를 흘리며 양호실에서 병원으로 옮겨 가고 학교는 발칵 뒤집혔다. 다친 아이 어머니가 여기까지 얘기하는 동안 맞은편 어머니는 "죄송합니다."만 벌써 몇 번째다.

다행히 다친 아이 어머니가 침착하다. 자기 아이는 그만하면

큰 불행은 면했고, 병원에서 치료하면 된다면서 친구에게 우산대를 휘두른 아이에 대해 더 알려고, 더 이해하려고 노력하고 있었다. 그러면서 물었다.

"남자아이라서 친구와 거칠게 싸울 수 있어요. 그런데 아직 어린 1학년 아이가 갑자기 그렇게 폭력을 휘두를 수 있나요? 내가 오늘 담임을 만나고 더 놀란 것은 이 아이가 1학기 때도 이런 일이 있었다는 거예요. 알고 계셨나요?"

다친 아이 어머니의 진심을 알아차린 맞은편 어머니가 짧게 대답한다.

"아이는 네 살 때부터 저와 떨어져 지금까지 외할머니와 살고 있어요. 저는 돈을 버느라 어쩔 수 없이 좀 먼 곳에 가서 살고 있고요."

다친 아이 어머니는 이 말만 듣고도 상황이 이해가 간다는 얼굴을 하고 다시 덧붙인다.

"아이 마음속에 있는 화를 아무도 몰라주고 있는 것 같아요. 저도 회사 다녀 보고 아르바이트 하며 아이를 키워 봤지만 정말 어렵더라고요. 엄마가 아들을 저녁에라도 봐야 하지 않을까요? 그러지 않고 이 상태로 고학년으로 올라가면 학교에서 더 힘들어질 것 같아요. 꼭 시간을 내서 상담이라도 받아 보면 좋겠어요."

아들을 키우는 처지를 이해하고, 또 큰아이를 먼저 키워 본 경험이 있는 어머니는 자기 자식을 다치게 한 아이의 처지를 더 안타까워했다. 카페에 들어올 때보다 더 무거운 얼굴을 하고 두 손님은 문을 나섰다.

손님들이 나가고 나는 카페 책꽂이에 꽂혀 있는 그림책 『눈물바다』를 꺼내 펴 보았다. 그림책에서 혼자 외롭게 눈물 흘리는 남자아이는 곧 네 살 때부터 엄마와 떨어져 외할머니와 단둘이 살고 있는, 어느 날 갑자기 우산대로 친구를 마구 찌른 여덟 살 남자아이로 보였다.

『눈물바다』에 나오는 남자아이 집에서처럼 이 아이의 엄마 아빠도 날마다 큰 소리를 내며 싸웠을지도 모른다. 아이가 길에서 넘어져 울면서 들어왔을 때 "괜찮아, 괜찮아." 하며 피 나는 무릎에 호 하고 입김을 불어 주는 엄마가 옆에 있었을까? 아이는 생일날 아침 엄마가 준비한 뽀얀 미역국을 몇 번이나 먹고 여덟 살이 되었을까?

아이는 여덟 살이 되어 학교에 들어갔지만 혼자 할 수 있는 일이 별로 없다. 그저 엄마, 아빠, 선생님, 외할머니에게 도움을 받고 싶고 무조건 사랑받고 싶다. 그러나 아이에게 칭찬은커녕, 예쁘다고 말해 주기는커녕, 모두들 틀렸다고만 한다. 어느 날부터 아이의 가슴속에서 뭔지 모를 크고 뜨겁고 답답한 것들이 쌓였다가 확! 하고 올라오려 한다. 아이는 확 솟아오르는 그것이 무엇인지 모르겠고 설명할 수도 없다. 엄마, 아빠, 선생님 같은 어른 앞에서

우리 엄마 아빠도 공룡처럼 싸워요

그것을 꺼내는 것은 아무래도 아닌 것 같다. 어느 날 아이는 그만 친구, 그것도 자기가 제일 좋아하는 친구한테 쏟아 내고 만다. 우산대를 들고 친구를 마구 찌르며 시원하기도 하고 또 아니기도 하고 아이는 또 다른 혼돈 때문에 무섭다. 아이는 무서운 일을 저질러 버리고 말았다.

『눈물바다』 속 남자아이 역시 어른들이 만들어 놓은 환경에서 외롭게 살아간다. 그 아이가 밤새도록 침대에 엎드려 흘리고 흘린 눈물이 모여 바다를 이룬다. 날마다 부부 싸움만 하는 엄마 아빠, 툭하면 자기를 혼내는 선생님, 도대체가 어렵기만 한 시험지, 입에 맞지 않는 학교 급식, 자기를 놀리고 골탕 먹이는 얄미운 짝꿍……. 이들은 아이가 흘린 눈물바다 위를 둥둥 떠다니며 살려 달라고 아우성을 친다. 이런 꿈을 꾸다가 깨어난 아이는 조금은 속이 후련하기도 하고 미안하기도 하다.

일상에서 어른들에게 배려를 받지 못하고, 소통하지 못하는 삶이 얼마나 아이를 슬프고 외롭게 하는지를 그림책은 잘 보여 주고 있다. 아이가 일으킨 눈물바다, 눈물파도에 휩쓸리는 것은 곧 현실에서 아이를 겁주고 억압하는 것들이다. 평소에 아이를 괴롭히는 것들을 꿈에서나마 시원하게 골탕 먹이고 떠나보냈으나 꿈을 깨면 아이는 다시 같은 현실을 만나야 한다.

친구를 아프게 한 여덟 살 남자아이는 오늘밤에는 엄마와 함께 잠을 자겠지? 젊은 아이 엄마도 얼굴에 걱정과 두려움이 가득해 보이던데……. 차라리 아들과 엄마가 서로 꼭 붙들고 눈물이라도 실컷 흘리고 나면 시원해지지 않을까?

『눈물바다』를 어느 초등학교 2학년 교실에서 읽어 준 일이 있다. 2학년 두 반 개구쟁이 아이들을 한곳에 모아 놓고 그림책을 읽는 시간에 아이들은 마치 자기 이야기를 하는 것처럼 재미나게 보고 들었다. 여자 짝꿍이 남자아이를 괴롭히는 장면, 비가 오는데 남자아이가 종이 박스를 머리에 쓰고 혼자 걸어가는 장면에서 아이들은 뭐가 그리 좋은지 교실 바닥을 두드리며 웃는다. 아직까지 어리기만 한 2학년 아이들은 그림책 속에서 엄마 아빠가 공룡이 되어 다투는 장면을 보고는 자기네 엄마 아빠도 그렇게 싸운다면서 서로 흉내를 낸다. 그렇게 재미나게 책을 다 읽고 났을 때 뒤에서 한 아이가 소리를 지른다.

"속이 다 시원하네!"

나는 그저 조용한 순간을 깨고 나오는 그 아이 소리에 깜짝 놀랐지만, 교실 뒤에서 함께 그림책을 보던 어머니들과 선생님들은 "속이 다 시원하네!"라는 아이 말 속에 담겨 있는 팍팍한 현실을 안다는 듯이 잠시 동안 말이 없었다. 나는 그 아이에게 『눈물바다』를 선물했다. 그림책을 읽고 나서 자기 속마음을 이렇게 '똑 떨어지게' 이야기해 주어 고맙다고 말했다. 아이는 친구들의 부

우리 엄마 아빠도 공룡처럼 싸워요

러운 시선을 의젓하게 받으며 그림책을 가슴에 꼭 안고 자리로 갔다.

그 아이 사정을 잘 아는 선생님은 잠깐 동안 너무 많은 것이 떠올랐다고 했다. 함께 점심을 먹으며 선생님께 들은 아이의 생활은, 그림책에 나오는 엄마 아빠 싸우는 장면을 흉내 내며 좋아하는 2학년 또래들과 많이 달랐다. 다행히 선생님이 학기 초부터 그 사정을 알고 아이에게 정성을 기울였다. 처음에 어른을 무서워하며 피하던 아이가 선생님을 보고 응석을 부리기도 하고 선생님이 안아 주려 다가가면 더 이상 피하지 않는다고 했다. 아이는 아마 그런 엄마 같은 선생님 앞이라 '속이 다 시원하다'는 표현이 튀어나왔을 수도 있겠다 싶었다. 선생님은 점심을 먹는 내내 그 아이 이야기를 하며 대견해했고, 그림책이 아이를 건드려 줄 수 있다는 것을 모르진 않았지만 오늘은 정말 신기한 경험을 했다는 말도 덧붙였다.

엄마 아빠가 맨날맨날 공룡처럼 싸운다고 이야기하는 아이들, 아빠가 술을 먹고 집에 와 하는 말을 흉내 내는 아이들, 그런 엄마 아빠조차 보지 못하고 외롭게 크는 아이들이 다 한 교실에 모여 지낸다. 아주 짧은 시간이었지만 다 함께 그림책을 읽고 엄마 아빠 흉을 보고, 자기 속마음을 이야기하면서 마음이 시원해졌다면 다행이라 생각한다.

좋은 일과 나쁜 일을 겪으며
아이들은 자란다

『메아리』 이주홍 글 | 김동성 그림 | 길벗어린이

    좋은 일, 나쁜 일은 무엇으로 결정하는 걸까? 눈을 감고 내가 경험한 지난 일들을 생각해 보면 좋은 일 나쁜 일의 경계가 뚜렷하지 않다. 나쁜 일이 처음 나에게 오는 순간은 다소 당혹스럽고 어떻게 해야 할지를 몰라 막막하지만 그 또한 시간과 함께 겪어 내다 보면 생각지도 않은 깨달음, 소중한 관계, 특별한 기억들이 덤으로 따라온다.

    『메아리』에서 주인공 돌이는 지금 온몸으로 '나쁜 일'을 겪어 내는 중이다. 돌이는 깊고 깊은 강원도 산골, 이웃집조차 없는 곳에서 아버지, 누나와 함께 화전민으로 산다. 작가 이주홍이 이 글을 쓴 때가 1943년이니 그림책 배경도 그때쯤으로 생각하면 되겠다.

돌이가 세 살 때 어머니가 돌아가셔서 돌이는 어머니 얼굴을 모르고 산다. 돌이 아버지는 그 시대 가난하고 일만 하는 무뚝뚝한 아버지 모습이다. 함께 놀 또래 친구 하나 없는 깊은 산속에서 돌이는 심심하다. 그 심심함의 정도가 다음 문장들로 충분히 전해진다.

만날 보는 하늘, 만날 보는 산, 만날 보는 나무, 만날 보는 짐승들. 영 어떤 때는 못 견딜 듯이 심심해서 한달음으로 산꼭대기까지 달려올라간다.

그러나 산 너머에 산이 있고, 또 그 산 너머에도 산이 있을 뿐, 사람이 사는 집은 한 군데도 보이지 않았다.

돌이에게 나이 차이 많은 누나가 있는 것은 참으로 다행이다. 누나는 돌이에게 어머니이며 친구이며 연인이다. 누나가 있어서 어린 돌이는 어머니의 부재를 덜 느끼고 살았다. 그런 누나가 어느 날 갑자기 돌이를 두고 아주 먼 곳으로 시집을 간단다. 어린 돌이는 자신이 겪는 이 엄청난 일에 대해 아무런 설명조차 듣지 못했다. 가여운 남동생 돌이를 두고 집을 떠나 멀리 낯선 곳으로 가야 하는 누나도 이 상황을 모르는 건 마찬가지다. 떠나기 전날 밤 잠들기 전에 누나가 돌이 귀에다 해 준 말이 전부다.

"저……."

"응?"

"난 내일 간다."

"어디루?"

"시집 가는 거래."

"시집이 뭐야?"

"나두 몰라. 남의 집으루 가는 거래."

"남의 집으루?"

"남의 집이지만 아버지가 가라시니까 가야 할 거야."

누나는 열다섯 살이었다.

결국 누나는 떠나간다. 돌이는 누나가 베던 베개를 안고 누나 냄새를 맡으며 많이 운다. 그렇게 울다가 골을 내다가 잠들기를 반복하는 돌이에게 아무도 관심을 가져 주지 않아 더 안타깝다. 돌이는 시집간 누나를 그리워하며 울다가, 산에 올라 돌팔매질을 하며 "예에끼, 망할 놈의 새끼들아!" 하고 욕을 한다. 하지만 얄밉게도 같은 소리가 메아리가 되어 돌아올 뿐이다. 누나를 시집보낸 아버지를 미워하다가 허공에다 돌팔매질을 하다가 결국 돌이는 누나가 간 산길을 짐작으로 따라나선다.

지금 아이를 키우는 부모들은 아이가 슬픔에 빠져 있을 때, 아

 좋은 일과 나쁜 일을 겪으며 아이들은 자란다

이가 힘든 일을 겪게 될 때 할 수 있다면 부모가 그것을 대신 해 주었으면 한다. 더 나아가 아이 앞에 오는 슬픈 일 자체를 없애고 싶어 한다. 그러나 부모가 살아온 인생을 돌아보면 아이도 어쩔 수 없이 좋은 일과 나쁜 일을 번갈아 겪어 내면서 그 속에서 힘을 키워 갈 것이 아닌가? 따라서 내 아이 앞에 부디 좋은 일만 생기라고 하는 부모의 기도는 아무런 의미가 없다.

아이는 자기가 태어난 가정 안에서 자연스레 좋은 일과 나쁜 일을 부모와 함께 겪는다. 중요한 것은 나쁜 일이 생겼을 때 그 일에 반응하고 해결하는 부모의 태도가 아이에게 절대적인 모델이 된다는 것이다. 20년을 한 공간에 사는 부모와 자식은 결정적인 부분에서 생각과 행동이 닮아 있다. 나를 보고 나를 그대로 따라 하는 자식이 있어 부모는 한 번 더 고민하는 삶을 살게 된다. '삶을 가꾼다'는 말은 그래서 생긴 말인가 보다.

작가 이주홍은 누나가 곁에 없는 어린 돌이의 그리움을 '죽을 것 같은 그리움'이라 썼다. 누나를 아무리 그리워해 본들, 누구에게 어떤 원망을 해 본들 아무것도 달라지지 않으니 돌이는 답답한 심정에 끝내 집을 나가기로 한다. 누나가 간 길을 따라나서기로 결심한 거다.

아이가 집을 나갈 때 옛날 어른들은 흔히 "저거 저러다 말지." 하고 내버려 둔다. 아이들은 '집 나갔다 오기'를 몇 번이나 반복

하며 자란다. 그런데 그 일이 커질 때가 있다. 집 나간 아이가 들어올 때를 넘기거나 어딘가에서 길을 잃은 것이 확실해질 때 어른들은 걱정과 후회를 넘어 공포를 느낀다. 누나를 찾아 길을 나선 돌이가 어두워질 때까지 집으로 돌아오지 않는다. 돌이 아버지는 마을 사람들과 횃불을 들고 온 산을 헤매며 아들 이름을 부른다.

"돌아- 돌아-"
맺혀지도록 외치고 있는 아버지의 슬픈 목소리였다.

누나가 간 길을 찾아 헤매다 주저앉아 있는 돌이를 다행히 마을 사람들이 찾아낸다. 돌이는 아버지에게 업혀 산을 내려오면서 아버지 등에서 나는 퀴퀴한 땀 냄새를 맡고 정신을 잃는다. 인생에서 '맺혀지도록 외치는' 아버지 목소리를 들어 본 사람이 몇이나 있을까? 이제 돌이가 겪은 나쁜 일 하나가 끝나고 있는 중이다. 아침에 눈을 뜬 돌이에게 아버지는 좋은 소식을 알려 준다. 외양간에 새끼 송아지 한 마리가 돌이를 기다리고 있다는 것이다. 어제 돌이가 누나를 찾겠다고 숲을 헤집고 다니는 동안 어미 소가 송아지를 낳았다.

"아버지, 어쩌면 저렇게 예쁘장스레 생긴 새끼소가?"

"인제 저건 네 거야. 큰 소는 내 거구."

돌이 아버지는 지난밤 얼마나 놀랐을까? 곁에 하나 남은 피붙이 돌이마저 사라지고 나면 아버지는 살아갈 동력이 없다. 어젯밤 산을 헤매며 맺혀지도록 슬프게 아들 이름을 부르던 돌이 아버지는 삶의 고단함, 외로운 인생살이의 힘겨움을 온통 목소리에 담아 울부짖었을 것이다. 그 밤이 지나고 날이 밝으니 다행히 아버지 눈앞에는 아들 돌이가 있고 외양간에는 식구가 하나 더 늘었다. 오늘 아침 모처럼 돌이 아버지는 따뜻함을 느꼈을 것이다.

마지막 장면에서 돌이는 산에 올라 메아리와 이야기를 나눈다. 지금 돌이는 행복한 감정이 가득 차올라 이렇게 소리 지르지 않고는 참을 수가 없다. 산골 아이 돌이의 행복이 너무 커서 책을 들고 있던 나도 따라 소리쳐 본다.

"내 산아-"
한참 만에 메아리가 "내 산아-" 하고 대답을 해 왔다.
"우리 집엔 새끼소 한 마리가 났어-"
"우리 집엔 새끼소 한 마리가 났어-"
"내 동생야-"
"내 동생야-"
"허허허-"

 좋은 일과 나쁜 일을 겪으며 아이들은 자란다

"허허허-"

"너두 좋니-?"

"너두 좋니-?"

큰아이 자리에 놓인 마음을
누가 알아줄까?

『피터의 의자』 에즈라 잭 키츠 글·그림 | 이진영 옮김 | 시공주니어

'백점 엄마.' 딸을 낳고 3년 터울로 아들을 낳았을 때 주위 사람들이 내게 해 준 덕담이었다. 그런 소리를 듣고 남들이 안 가진 것 나만 가진 양 뿌듯한 마음이 없지 않았다. 그러나 두 아이들과 지내는 하루하루는 그 뿌듯함과는 너무 멀리 있는 날들이었다. 나만 이렇게 어려운 건가? 어려운 일 중에서도 남동생이 태어나던 날부터 큰아이 유정이가 하는 엉뚱하고 이해할 수 없는 행동을 보는 게 제일 어려웠다. 나는 유정이를 따라다니며 "너 왜 그러니?"라는 소리를 입에 달고 살았다. 그럴수록 딸아이는 얼굴을 찡그리고 칭얼거리며 안 하던 어린 행동을 했다.

"도대체 너는 왜 그러냐?"

나는 정말로 아이가 왜 그러는지 알아보고 해결해 주려는 마음 없이 내 짜증과 원망을 온통 담은 말을 날마다 입으로 내보냈다. 유치원에 가는 날 아침마다 유정이는 예민하게 굴었다. 어느 날은 밥 때문에 싸우고, 어느 날은 바지를 입어라 치마를 입겠다 싸웠다. 어느 날은 머리 모양 때문에 싸웠다. 머리띠, 머리핀, 가방……, 사사건건 엄마와 딸은 고집을 부렸다.

유치원 버스 올 시간이 되어 유정이를 보내고 나서 베란다에 나가 있으면 버스를 기다리는 아이가 저만치 작게 서 있는 게 보였다. 이름을 불러 손을 흔들까 말까 망설이는 동안 버스가 아이를 싣고 가 버린다. 마음이 안 좋은 정도를 넘어 비참했다. 나는 오늘 또 실패했다는 자책이 제일로 컸다. 자식을 사랑으로 키워야 한다는 그 당연한 원칙이 나한테는 날마다 어려웠다.

그런 괴로운 마음을 위로해 주는 존재가 둘째 아이였다. 내 어지러운 마음을 다 안다는 듯이 둘째는 방 한곳에서 신통하게 놀고 있었다. 내 마음을 거스르는 그 어떤 행동을 안 하고 방긋 웃어 주는 둘째가 신기했다. 둘째랑 시간을 보내는 동안은 온전히 긴장을 풀고 지내다가 유치원에 간 유정이가 올 시간이 되면 나는 다시 마음을 준비했다.

유정이가 초등학교에 들어간 것을 계기로 나는 또 한 번 좋은 엄마가 되고 싶어 노력했다. 유정이에게 예쁜 분홍색 원피스를 사 입히고 새로 산 학용품 하나하나에 이름을 써서 붙였다. 신입생이 되는 딸아이에게 기울이는 나의 정성은 곧 아이를 향한 엄마의 기도라고 믿었다. 기억하건대 입학식 날 아침에도 유정이는 내가 사 준 옷이 싫다고 입을 빼물었다. 입학식을 하는 동안 운동장에 선 수많은 아이들 속에 키 작은 유정이가 폭 파묻혀 있었다. 고만고만한 입학생들 속에서 겨우 찾아낸 유정이를 보며 낯선 느낌이 들었다. 몸에 안 맞는 헐렁한 분홍색 원피스를 입은 유정이는 앞에 선 담임선생님을 바라보지 않은 채 불안한 눈빛을 두리번거리며 열심히 손톱을 물어뜯고 있었다. 첫아이 입학식을 보러 나름 예쁜 옷을 차려 입고 온 새내기 엄마는 또 한 번 무너지고 있었다. 입학식이 끝나고 짜장면을 먹으면서도 딸아이에게

큰아이 자리에 놓인 마음을 누가 알아줄까?

"선생님 말씀은 안 듣고 손톱을 왜 물어뜯어?"라고 채근하는 나는 우울의 한가운데 있었다.

그러던 중에 『피터의 의자』를 읽었다. 여동생이 생기고 나서 하루아침에 '큰아이'가 되어 겪어야 하는 피터의 상황과 피터의 불안이 그림책에 잘 나와 있었다. 동생이 생겼다면서 어른들이 큰아이에게 당연하게 요구하는 것들이 우리 집이랑 닮아 있었다. 피터 부모님은 큰아이 피터가 쓰던 파란 식탁 의자, 파란 침대를 새로 태어난 여동생에게 물려주기 위해 분홍색 페인트칠을 한다. 정작 부모님들은 파란 의자와 파란 침대의 주인인 피터에게는 아무런 의견을 물어보지 않았다.

분홍 페인트칠을 하는 피터 아빠를 보니 페인트칠이라는 그 창조적인 일에 빠져 다른 것을 돌아볼 겨를이 없어 보인다. 피터는 그런 아빠를 멀리서 지켜보며 더 외로워진다. '의자'는 자기 자리, 자기 존재, 자기 인정을 상징하는 이미지이다. 피터는 아직 분홍색으로 칠하지 않은 또 하나의 파란 의자를 가지고 집을 나가기로 결심한다. 피터가 강아지 윌리와 함께 가지고 나가는 물건을 살펴보면 새삼 가슴 한쪽이 짜르르해 온다.

"윌리야, 우리 도망가자."
피터는 쇼핑 백에 과자와 강아지 비스킷을 챙겨 넣었어.
"파란 의자랑 장난감 악어랑 내가 아기였을 때에

찍은 사진도 가져가자."
윌리는 뼈다귀를 챙겼지.

둘째를 낳은 지 얼마 안 된 엄마들이 아기를 품에 안고 첫째 아이 손을 잡고 카페에 올 때가 있다. 힘겹게 외출한 아기 엄마는 의자에 앉아 겨우 아기띠와 포대기를 푸는 동안 사람들은 하나같이 궁금한 표정으로 기다린다. 엄마 품에서 꼬물거리고 있는 작은 아기를 본 사람들은 똑같이 탄성을 지른다.
"어머나, 예쁜 아기예요!"
그러는 동안에 그 옆에 또 한 아이가 있다는 걸 어른들은 곧잘 놓친다. 첫째 아이는 엄마와 함께 카페에 들어오는 순간부터 사람들이 자기에게는 별 관심이 없다는 것을 알고 있다. 일단 앞에 놓인 달콤한 케이크를 먹는 동안 첫째 아이는 조용하다. 케이크를 다 먹고 난 아이는 더 이상 아줌마들이 동생만 들여다보는 걸 봐줄 마음이 없다. 아이는 엄마를 귀찮게 하고, 없는 떼를 쓰고, 다른 걸 더 내놓으라 하고, 이제 겨우 포대기를 풀어 놓고 차를 마시기 시작한 엄마에게 집에 가자고 조른다. 아이 엄마 입에서 좋은 말이 나올 리가 없다. 어른들이 포대기에 쌓인 어린 아기만 바라보며 관심을 주는 광경을 보다가 자리에서 혼자 일어난 큰아이가 작게 말한다.
"나도 어릴 땐 아기였어. 나도 아기 때 저거랑 똑같았어."

 큰아이 자리에 놓인 마음을 누가 알아줄까?

그림책에서 큰아이 피터가 파란 의자와 아기 때 사진을 가지고 집을 나간 사이 피터 부모들은 무슨 이야기를 주고받았을까? 지혜로운 피터 엄마는 아들의 질투, 불안감을 눈치챘나 보다. 피터 엄마는 피터가 집을 나간 사이 서둘러 맛있는 음식을 준비한다. 한편, 집 나간 피터는 가져간 파란 의자를 내려놓고 앉아 보려고 하지만 엉덩이가 의자에 들어가지 않는다. 맙소사! 그사이에 피터는 또 자라나 이제는 더 큰 의자가 필요했던 거다.

"거 봐라. 엄마가 뭐라 그랬어? 그래서 의자 동생 주라고 그랬어, 안 그랬어?"

다행히 피터 부모는 그렇게 말하지 않는다. 게다가 피터 엄마는 호기롭게 집을 나간 피터가 다시 집 안에 발을 들여놓을 때 갖게 될 무안함을 알고 있다. 피터 엄마는 아들이 그 무안함을 느끼지 않게 하려고 피터가 집 안에 들어와 있다는 걸 알면서도 모른 척 속아 준다. 그리고 피터의 장난에 엄마는 한바탕 웃는다.

모름지기 엄마라는 사람은 아이랑 싸우는 위치에 있는 게 아니었다. 피터는 집에 돌아와 엄마가 만든 맛있는 음식을 먹기 위해 식탁 앞에 선다. 작아서 엉덩이에 빠듯한 파란 의자 대신 이제부터 피터는 '아빠 옆자리'를 선물로 받는다. 지혜로운 부모 덕분에 피터는 성장통 하나를 잘 통과했다.

우리 집 큰아이 유정이는 초등학교 다니는 내내 손톱을 잘근 잘근 깨물었다. 여전히 칭얼거렸고 그럴 때마다 나에게 혼이 났다. 유정이는 누나니까 참아야 하고, 동생에게 양보해야 하고, 엄마가 입히는 옷이 싫어도 입어야 했다.

유정이는 열 살이 될 때까지 동생 생일날이 자기 생일보다 빨리 돌아오는 걸 이해하지 못했다. 하필이면 유정이는 12월생, 동생은 11월생이었다. 동생 생일날마다 뿌루퉁해지는 유정이를 이해시키려고 남편과 나는 노력하다가 결국에는 서로 불만스런 얼굴이 되어 생일 케이크 앞에서 찍은 사진들이 남아 있다.

좋게 시작한 일들이 그렇게 불안하게, 불만스럽게 끝나는 게 최선인 양 날마다 안절부절 아웅다웅 살았다. 더는 아이와 싸우지 않는 어른으로 살고 싶다는 소망을 움켜쥔 채 하루하루를 살았다. 20년 전 초등학교 입학식 날에 찍은 사진에는 큰아이 유정이와 초보 엄마인 내가 그때 그 시간의 불안과 불만을 다 품고 서 있다. 그 사진을 볼 때마다 유정이는 말한다.

"엄마는 어떻게 나한테 이런 촌스런 색깔, 이렇게 큰 옷을 입힐 생각을 했어, 어우 싫다 싫어!"

첫아이가 쓸 장난감, 첫아이가 입을 옷, 첫아이가 탈 유모차를 고르면서 엄마들은 너무 많은 정보를 찾아 나누고 고민한다. 발달 단계에 맞게 재료를 골라 이유식을 만들어 먹이며 마음 뿌듯해한다. 둘째를 낳고 나서 힘에 부친 엄마들은 첫째에게 쏟았던 부지런을 더는 떨지 않는다. 둘째에게는 그림책도 한 권 제대

큰아이 자리에 놓인 마음을 누가 알아줄까?

우리 집에 놀러 온 조카들이다.
내가 보기엔 둘 다 어린
아이들인데, 큰아이가
작은아이를 챙기느라 열심이다.

로 못 읽어 주지만 오히려 둘째는 엄마에게 요구하는 게 없다. 혼자 누워 젖병을 빨고 있는 둘째는 그 자체로 피로한 엄마를 위로한다. 둘째 아이를 생각하면 엄마들은 늘 미안하고 또 사랑스럽다고 말한다. 그러다가 첫째를 바라볼 때는 얼른 생각을 바꾸어 "너는 많이 해 줬지? 이제 엄마 좀 이해해 줄래?" 하는 마음이 된다. 첫째는 둘째를 키우듯이, 둘째는 첫째를 키우듯 하라는 옛말을 우리는 아이 다 키우고 나서야 뒤늦게 깨닫는다.

처음 해 보는 엄마 역할, 부모 역할에 왜 실수가 없겠는가? 부모의 사랑이 너무 많아서, 좋은 이론을 따르느라, 남의 이야기 듣느라 부모가 우왕좌왕했던 부족한 시간들을 큰아이가 다 안고 커 간다. 혹시 언젠가 큰아이가 마음속 쌓인 응어리들을 풀어내는 날이 온다면 그래도 다행이라 생각해 주어야 한다. 그럴 때 엄마는 진심으로 큰아이 편에서 미안해하고 도와주어야 한다. '으이고 내 새끼, 내 이쁜 새끼' 하는 식의 원초적인 말이 다른 긴 설명보다 좋은 약이 될 때가 있다.

큰아이 자리에 놓인 마음을 누가 알아줄까?

어느 날 누나가 된 어린 소원이에게

『누나가 좋다』 고대영 글 | 한상언 그림 | 길벗어린이

　　카페에 자주 오는 여자아이 소원이 이야기다. 성북동에 사는 소원이네 세 식구는 고척동 외할머니 집에 자주 놀러 온다. 소원이 엄마는 딸을 유치원에 보내는 대신 함께 시간을 보내면서 그림책을 읽어 주려 노력하는 분이다. 소원이와 동네를 산책하다가 우연히 들어와 본 우리 카페에 좋은 그림책이 꽂혀 있다고 기뻐했다. 소원이 엄마는 소원이에게 그림책을 읽어 주기만 했지 일부러 한글을 가르치지 않았다. 소원이는 눈을 동그랗게 뜨고 그림책을 따라가다가 조금이라도 궁금한 점이 생기면 그냥 넘어가지 않고 묻고, 때때로 혼자 대답했다. 카페에서 엄마 옆에만 있으려 하는 소원이를 내 옆으로 데려와 앉히고 내가 고른 그림책을 읽어 주기까지 조금 시간이 걸렸다. 소원이가 그림책을 읽으며 던지는 질문, 기발한 대답, 어느 때는 그림만 보고 혼자 지어내는 엉뚱

한 이야기들을 나는 더 가까이에서 듣고 싶었다.

　소원이는 여섯 살까지 뭐 하나 부족함 없이 행복한 하루하루를 보냈다. 고척동 외할머니 집에는 외할머니랑 막내 이모가 함께 산다. 주말이면 이모가 소원이를 데리고 시내로 가서 어린이 연극을 보거나 예쁜 것들을 사 주곤 한다. 집에 들어가는 길에 이모와 어린 조카가 우리 카페에 들러 소곤소곤 이야기를 나누다 가는 모습을 보면 온 우주가 소원이를 가운데 놓고 돌아가는 듯 보였다.

　소원이가 여섯 살쯤에 소원이 엄마는 둘째를 가졌다. 소원이네 식구들이 외할머니 집에 머무는 일이 훨씬 많아졌다. 소원이는 외할머니 집이 아예 자기 집인 양 1년 가까이 머물면서 친척들의 사랑을 독차지하며 지냈다. 그런데 소원이를 중심으로 돌아가는 시간은 이제 끝나 가는 중이었다.

　어느 저녁 시간 소원이 이모는 친구들과 함께 소원이를 데리고 우리 카페에 왔다.

　"너 동생 태어나면 동생 안 때릴 거지?"

　"너 동생 태어나면 맛있는 거 잘 나누어 먹을 거지?"

　"동생 태어나면 뭐 줄 거야?"

　동생이 아직 눈에 보이지도 않는데 이모와 이모 친구들은 소원이에게 이것저것 꽤 많은 걸 요구했다. 물론 별 뜻 없이 재미나게 웃자고 하는 소리지만 눈을 동그랗게 뜨고 어른들 부탁에 그

어느 날 누나가 된 어린 소원이에게

러겠다고 고개를 끄덕끄덕하는 소원이 얼굴은 겁먹고 있는 듯 보였다.

시간이 흘러 소원이가 남동생을 보았다는 반가운 소식을 들었다. 소원이가 그림책 읽는 풍경을 못 본 지 1년이 넘어가던 어느 따뜻한 봄날, 대가족이 카페로 들어왔다. 소원이네 식구들이었다. 그동안 누나가 된 소원이는 주변 인물로 물러나 있었고, 누가 보아도 주인공은 태어난 지 6개월 되는 남동생이었다.

식구들은 자리에 앉자마자 둘째 아이를 바라보며 눈을 맞추었고, 소원이 엄마는 뚱하게 서 있는 소원이를 몇 번 불렀다. 더 안타까운 것은 큰 웃음소리와 함께 재미나게 오고 가는 식구들 이야기 대부분이 누나 소원이는 잘못투성이고, 동생은 귀여운 짓만 한다는 거다.

"소원이가 응석이 늘었다."
"소원이가 동생한테 뭐 하나 양보를 안 한다."
"소원이가 잉잉 혀 짧은 소리를 낸다."

식구들 테이블에서 빠져나와 카페 여기저기를 돌아다니는 소원이에게 가서 무슨 말을 걸어 볼까 하다가, 나 역시 소원이에게는 자기 마음을 몰라주는 어른 중 하나일 거란 생각이 들었다. 나는 책꽂이에서 그림책 『누나가 좋다』를 꺼내 소원이에게 갔다. 한글을 모르는 소원이를 앞에 앉히고 손가락으로 꼭꼭 짚어 가면서 책 제목을 읽었다.

"누, 나, 가, 좋, 다."

그림책에 나오는 어린 남동생 흉내를 내어 혀 짧은 소리로 읽었다. 그 소리가 재미나는지 소원이가 싸악 웃는다. 좀 전까지 안타까웠던 마음이 사라지고 나도 덩달아 좋다. 그림책에는 3학년 누나와 두 살 어린 남동생이 나온다. 나는 일부러 남동생이 칭얼거리며 누나를 귀찮게 하는 내용을 강조하면서 읽었다. 목욕탕에서 누나를 따라 여탕에 가겠다고 떼를 쓰고 우는 남동생이 아빠에게 끌려 남탕으로 가면서 "앙!" 하고 우는 장면에서 소원이가 입을 열었다.

"준수는 바보야. 맨날 울기만 하고."

준수는 소원이 동생 이름이다. 나는 바로 소원이 편을 들어주었다.

"맞아, 맞아. 준수는 울기만 해."

그림책에서 3학년 누나는 어릴 때는 남동생이랑 어울려 잘 놀았으나 자기 방이 생기면서 혼자 있고 싶어 한다. 남동생이 자기 방에 들어오는 것을 절대로 허락하지 않는다. 엄마보다 아빠보다 누나를 좋아하여 졸졸 따라다니는 남동생은 닫힌 누나 방문 앞에서 문 열어 달라고 통곡을 한다. 이 장면에서 소원이는 뭐가 그리 좋은지 웃다가 날아갈 것처럼 깔깔 웃는다.

어느 날 누나가 된 어린 소원이에게

"누나! 나 오늘만 누나 방에서 자면 안 돼?"
"안 돼."
"오늘만……. 응?"
"너는 '남녀칠세부동석'이란 말도 모르니? 네 방에서 자."
누나가 문을 쾅 닫았다.

내가 보아도 속이 후련하다. 그림책에서 소원이가 제일 좋아하는 대목은 맨 마지막에 어린 남동생이 "어버버 버벅" 하는 소리를 내며 누나 뒤를 쫓고, 누나는 "뭐야~ 빨리 와." 하며 귀찮은 듯이 동생에게 눈을 흘기는 장면이다. 소원이가 깔깔거리는 소리가 듣기 좋아 나는 이 대목을 두 번 세 번 반복해서 읽어 주었다.
"소원아, 사장님 힘드시겠다. 그만 읽고 가자."
소원이네 식구들 테이블 쪽에서 들려오는 소리다. 소원이는 조용히 서 있더니 엄마에게로 가서 좀 전에 나랑 읽은 그림책 『누나가 좋다』를 집으로 가져가겠다고 떼를 썼다. 식구들이 똑같은 목소리로 안 된다고 했다. 내가 어떻게 끼어들 틈이 없었고 소원이는 다시 울상이 되어 식구들을 따라 나갔다.
며칠 뒤에 엄마랑 카페에 온 소원이는 책꽂이 앞에 가서 『누나가 좋다』를 혼자 찾아내 내 앞으로 가져왔다. 소원이와 나는 몇 번이나 이 책을 같이 읽었다. 소원이랑 이 그림책을 읽으며 알게 된 것은 그림책에 나오는 어린 남매가 날마다 울고불고 삐지고,

문을 꽝 닫으며 소란을 피울 때 어른이 나서서 간섭하지 않는다는 사실이다. 어른이 있기는 하되 그저 거기 서 있을 뿐 아이에게 무엇을 가르치려 하지 않는다. 아쉽게도 소원이 주위에는 소원이를 사랑하여 행동을 하나하나 관찰하다가 조금이라도 아니다 싶으면 고쳐 주려는 어른들이 많이 있다. 게다가 소원이는 동생이 태어나 누나가 되는 순간부터 고쳐야 할 행동이 많은 아이가 되어 버렸다.

"누나가 좋다."

소원이가 이 그림책을 좋아하는 이유는 줄거리보다 그림책 제목이 마음에 들기 때문이다. 지금 소원이의 자존심을 세워 주는 최고의 말이 그림책 표지에 떡하니 있으니까 말이다. 소원이 눈에 맨날 울기만 하는 아기 준수는 언제 커서 누나가 좋다며 졸졸 따라다닐까? 어서 그날이 왔으면 좋겠다.

한글을 모르는 소원이가 열심히 그림책을 본다. 소원이는
이야기를 즉석에서 만들어내는 재주가 특별하다.

아이들이 '그냥' '몰라'를 말하는 이유

『책 씻는 날』 이영서 글 | 전미화 그림 | 학고재

『책 씻는 날』은 조선 시대에 살았던 선비 '김득신' 이야기다. 김득신의 어릴 적 이름이 몽담이다. 몽담이는 요즘으로 말하면 날마다 학교에 가서 받아쓰기를 빵점 맞아 오는 아이다. 집에서 미리 받아쓰기 연습을 한 번을 하나 열 번을 하나 시험 결과는 맨날 똑같다.

그러나 몽담이는 결과에 상관없이 같은 책을 열 번, 스무 번을 읽다가 그래도 외워지지 않으면 백 번까지도 읽었다. 몽담이가 서당에서 배운 글을 열 번, 스무 번, 백 번 넘게 소리 내어 읽다 보면 어느새 몽담이를 따라다니던 일꾼 아이가 먼저 그 내용을 다 외워 버렸다. 사정이 이러하니 서당 훈장님은 물론 가끔 집에 오는 어른들도 몽담이가 글공부에는 영 재주가 없다는 것을 알아차린다.

어느 날 몽담이 외숙이 집으로 찾아와 이렇게 말한다.

"차라리 활쏘기와 말 타는 것을 가르치세요. 글공부는 아닙니다. 괜한 시간 낭비예요."

조카가 공부 쪽에는 영 재능이 없으니 진로를 바꾸어 보라고 몽담이 아버지에게 권한 것이다. 여기서 책을 덮고 한번 생각해 보았다. 내 아들이 몽담이 같은 상황이라면 나는 어떻게 했을까? 외숙의 말에 자존심이 상해 남편과 머리를 맞대고 아이 진로를 고민하겠지? 아니면 남들 다하는 공부를 왜 내 자식만 못 따라갈까 속상한 마음에 뒤늦게라도 아이가 원만하게 공부를 따라갈 수 있는 수단과 방법을 찾아보겠지? 어쩌면 아이 얘기를 들어 본답시고 불러다 앉혀 놓고 처음에는 따뜻하게 말을 건넬지도 모르겠다.

"네가 진짜 하고 싶은 게 뭐냐?"

"······."

"대체 왜 공부가 안 되느냐?"

이렇게 몰아세우다가 결국에 스스로 화를 참지 못하고 아이한테 심한 말을 퍼부었을 것이다.

"넌 누굴 닮아 그 모양이냐!"

나와 달리 이 그림책에서 몽담이 아버지가 외숙에게 하는 말씀이 압권이다.

"하지만……, 나는 말일세. 저 아이가 저리 둔하면서
공부를 포기하지 않으니 그것이 오히려 대견스럽네.
우리 집에서 저 아이의 글 읽는 소리가 끊이는 걸 본 적이 있나?
큰 그릇을 만들려면 오랫동안 공을 들여야 하지."

문밖에서 아버지의 말씀을 들은 몽담이는 그만 주저앉아 울어 버린다. 아버지가 부족한 자신에게 보내 주는 진정 어린 믿음이 감사한 한편, 그런 아버지를 기쁘게 해 드리지 못하는 자신의 부족함이 죄송해서였을 것이다. 몽담이는 아버지와 단둘이 남은 자리에서 이렇게 고백하고는 또 한 번 서러워 울어 버린다.

"백 번 천 번을 읽어도 깨쳐지지가 않아요.
외숙 말씀대로 저는 바보 천치인가 봐요."

몽담이를 아는 서당 훈장님과 친구들, 심지어 하인까지도 몽담이를 글공부 못하는 바보 천치로 여긴다. 아무리 몽담이 아버지가 아들에게 용기와 믿음을 준다고 해도 그것은 한계가 있다. 여기서 중요한 것은 남들이 이미 판단을 끝내 버린 아들을 아버지는 훨씬 더 오랫동안 지켜보고 세세히 살핀다는 점이다. 그 결

아이들이 '그냥' '몰라'를 말하는 이유

과 아버지는 아들이 비록 글을 잘 못 외우지만 글을 싫어하지 않는다는 것을 파악한다. 아버지는 아들을 불러 다시 이야기를 나눈다. 이미 자기가 바보라고 생각하며 기가 많이 죽어 있는 아들이다.

"백 번 천 번을 읽어도 깨치지 못하면 어쩌겠느냐?"
몽담이는 눈물을 닦고 대답했어요.
"만 번을 읽겠습니다."
"그래도 깨치지 못하면?"
"억 번을 읽겠습니다."
몽담이는 힘주어 대답했어요.
"그렇지. 그렇게 부지런히 익힐 수 있겠느냐?"
아버지는 몽담이와 눈을 맞추었어요.
"예, 깨칠 때까지 읽고 또 읽겠습니다."

몽담이는 이제 글공부를 잘하게 되었을까? 미리 말하면 몽담이는 여전히 글공부를 못하여 곤란한 일을 많이 겪는다. 그러나 몽담이는 지금껏 해 온 자기 방식대로, 아버지에게 약속한 대로 글을 읽고 또 읽는다.

우리 집 막내아들이 특성화 고등학교 관광과를 다녔다. 어떻게 알고 나에게 고등학교 진학 상담을 하겠다고 카페에 오는 손님이 종종 있었다. 어느 날 목동에서 중학교 3학년 아들을 둔 어머니가 카페에 왔다. 이 어머니는 자기 아이가 인문계 고등학교에 가서 서울에 있는 대학에 가면 제일 좋겠는데, 아쉽게도 아들은 성적이 안 나온다고 했다. 그런데 어떤 아이들은 특성화 고등학교에 가서 대학까지 간다는 소리를 듣고 나서부터 이 어머니는 생각이 많아졌다. 그날 카페로 찾아온 어머니는 자기 아이가 요리를 잘하고 좋아하니까 특성화 고등학교 조리과를 보내고 싶다고 했다. 거기까지 결심하고 찾아온 분이라 나도 특성화 고등학교의 좋은 점과 정보를 많이 알려 드렸다.

나중에 들으니 이 어머니는 아이를 특성화 고등학교에 보내기로 결정하고부터 일이 손에 잡히지 않았단다. 아이에게 "특성화 가도 잘할 수 있냐?"라고 물어보면 아이가 분명한 답을 안 해서 또 불안했단다. 그 어머니가 아들에게 한 말을 좀 더 알아듣기 쉽게 풀면 다음과 같은 거다.

"아들아, 너는 특성화 고등학교에 가서 공부 열심히 해서 좋은 대학까지 갈수 있겠지? 꼭 그렇게 할 수 있다고 시원하게 대답 좀 해 다오!"

중학생 아들이라면 어느 누구도 엄마에게 시원한 대답을 주지 않을 것이다. 엄마의 불안에다가 또 노골적인 희망까지 끼워 넣은 복잡하고 애매한 질문에 답을 할 아이가 어디에 있을까? 결국

 아이들이 '그냥' '몰라'를 말하는 이유

이 집 아들은 인문계 고등학교에 갔다.

내가 아들을 키웠던 경험을 생각해 보면 중학교 2, 3학년, 이때 아이는 자기 속에 있는 불안이 너무 커서 어른이 분명한 대답을 하라고 하면 화를 내거나 자리를 피해 버린다. 분명한 답이라는 것은 애초에 없는 거다. 아이가 분명히 속앓이를 하는 것 같아 도와주려고 말을 걸면 돌아오는 답은 "그냥."이거나 "몰라." 둘 중 하나다. 이런 성의 없는 말을 들으면 부모는 부모대로 서운하고 화가 난다. 화를 내는 순간에 부모는 아이 속에 있는 진심 하나를 또 놓치는 거다. 이때 아이는 스스로도 무엇 때문에 힘들고 불안한지를 모르니 한곳에 집중을 못한다. 이런 아이들은 부모가 기다려 주어야 하는 거다.

기다린다는 것은 말처럼 쉽지 않다. 자식과 싸우는 대신 내 속에 있는 욕심과 기대를 솔직히 꺼내서 들여다보고 스스로 싸워야 하는 인고의 시간이다. 이런 기다림의 시간을 오래 가져 보지 않은 부모는 "다 안다."거나 "들어 봤자 뻔하다."라고 쉽게 말한다. 오죽하면 아이들은 엄마를 포함하여 엄마 또래 아줌마들을 '답정녀'라고 부르겠는가. 대화를 한다고 시작해 놓고 엄마가 생각하는 답이 안 나오면 소리가 커진다. 엄마의 불안을 아이에게 그대로 투사하다가 서로 상처를 안고 대화는 끝나 버린다.

몽담이는 그저 기다려 주는 아버지 덕분에 자기가 좋아하는 것을 자기 방식대로 평생 할 수 있었다. 어린 몽담이가 학문을 알면 얼마나 알겠는가? 몽담이는 아이답게 좋은 것을 좋다고 말하고, 잘 못하지만 백 번 천 번이라도 해 보겠다고 솔직하게 말했을 뿐이다.

조선 시대 김득신의 이야기는 백 년을 넘어 지금까지도 사람들 입에 오르내린다. 그는 자신이 읽은 책 제목을 『독수기』에 하나하나 잘 기록해 놓았다. 지금으로 치면 독서기록장쯤 될 것이다. 『독수기』에는 김득신이 만 번 넘게 읽은 책이 서른여섯 개나 표시되어 있다고 한다. 김득신이 공부하는 과정에서 벌어졌던 재미난 일들이 한두 가지가 아니다. 성공의 결과가 아니라 실제 김득신이 실패하고 절망하고 다시 장애물을 넘어서는 과정의 이야기들이다. 『책 씻는 날』이 그 과정을 재미나게 잘 보여 주고 있다. 지금 엄마 아빠로 사는 사람들은 몽담이 아버지를 특별히 눈여겨 보아야 한다.

아이들이 '그냥' '몰라'를 말하는 이유

먼 길 떠나는 아들에게

『**아모스와 보리스**』 윌리엄 스타이그 글·그림 | 우미경 옮김 | 시공주니어

"저는 사람을 좋아하고 비행기를 좋아합니다."

중학교 3학년 1학기, 아들 영호가 대안 고등학교에 가기 위해 쓴 자기소개서 첫 문장이다. 그때 학교 면접관의 마음을 사로잡으려고 나와 영호는 머리를 짜내어 자기소개서를 썼다.

"엄마, 내가 사람 좋아하는 거랑 비행기랑 무슨 상관이야? 그리고 나, 사람 안 좋아해!"

"이놈아, 자소서는 이렇게 쓰는 거야! 멋있게, 가만있어, 엄마가 하라는 대로!"

그러나 아무리 멋진 자기소개서를 써도 영호는 번번이 대안 학교에 떨어졌다. 낙방의 경험은 뼈아팠지만 나름 얻은 게 있다면 영호가 그때 자기소개서를 쓰며 자기를 많이 아는 계기가 되었다는 것이다. 옆에서 엄마가 자기소개서 글을 다듬고 고쳐 주긴

했지만, 영호에게는 모처럼 자기가 좋아하는 일, 잘하는 일, 그리고 가족, 친구 이야기를 모두 꺼내어 풀어 보는 시간이었다. 결국 가고 싶은 대안 학교 네댓 군데를 다 못 가게 되자 영호는 풀이 죽어 입을 다물고 지냈다. 나는 그 기간 동안 영호가 생각보다 학교 공부를 더 많이 어려워한다는 것을 알게 되었다. 인문계 고등학교에 가서 그 공부를 쫓아가려 애써야 할 아이를 상상하니 내가 먼저 숨이 막혀 왔다.

영호는 대안 고등학교, 인문계 고등학교를 가는 대신 집에서 가까운 특성화 고등학교 관광과를 다녔다. 중학교 때보다도 공부 시달림이 덜한 학교에 다니면서 많이 편안해할 뿐 아니라 관광과에서 배우는 과목들과 현장 실습을 재미있어했다.

영호는 중학교에 들어가서부터 마음이 심란하고 답답할 때는 인천 공항에 가고 싶다고 했다. 나는 그때 암 수술을 하고 치료를 받는 중이라 집에 누워 있는 시간이 많았기에, 영호가 밖으로 나가겠다고 하면 오히려 반가웠다. 영호는 공항에 가서 우리나라를 들고 나는 외국인들, 뜨고 내려앉는 거대한 비행기를 가까이에서 구경하고, 맛있는 우동을 사 먹고 왔다. 공항 가는 버스가 을왕리 해수욕장을 지나간다는 것을 알고 나서는 마음 맞는 친구와 함께 그곳에서 저녁노을이 질 때까지 놀다 올 때도 있었다.

멋있는 인천 국제공항, 먼 곳으로 날아가는 비행기, 거기서 들

먼 길 떠나는 아들에게

리는 외국인들의 낯선 언어가 영호의 가슴을 뛰게 했나 보다. 영호는 고등학교 3년 동안 외국어 실력을 잘 쌓아 2012년 12월에 미국 미네소타 주립대학 호텔관광과에 입학 허가를 받았다.

『아모스와 보리스』에 나오는 생쥐 아모스를 보면 영호가 생각난다. 마침 이 책은 우리 영호가 옆구리에 끼고 다니던 그림책이다. 주인공 생쥐 아모스는 바다를 좋아한다. 그리하여 배를 만들어 바다로 나갈 생각을 한다.
아무리 바다를 좋아해도 그렇지, 바다를 좋아한다는 이유만으로 혼자 바다로 나가는 일은 아무나 할 수 있는 일이 아니다. 익숙하고 편안하게 살던 곳을 두고 다른 세계로 떠나기 위해서는 남다른 호기심도 있어야 하고 준비도 철저해야 한다. 생쥐 아모스는 배를 만드는 동안 틈틈이 배와 바다를 공부한다. 아모스는 멋진 배를 만들고 그 안에다 먹을 것, 하늘을 관찰할 도구들, 배를 수리할 때 쓸 연장들, 그리고 비상약까지 싣고 바다로 나간다.
어느 날 아모스는 자기가 탄 배 옆으로 물을 뿜으며 지나가는 고래를 본다.

어느 날 밤, 아모스는 검푸른빛 바다에서 반짝이는 물을 뿜어 내는 고래를 보고 감탄하지 않을 수가 없었어. 한참 뒤에, 아모스는 갑판에 누워서 별이 빛나는 끝없는 하늘을 바라보았지. 아모스는,

살아 있는 거대한 우주 안에서는 한갓 작은 점과 같은 생명체인 조그만 생쥐도 만물과 하나라는 것을 느꼈지.

아모스는 갑판에 누워 하늘을 바라보고, 그 신기한 세계를 온몸으로 느낀다. 읽을수록 멋진 말이지만 결코 쉬운 문장이 아니다. 과연 그림책을 보는 아이들은 아모스 마음을 이해할 수 있을까? 부모님과 함께 깊은 산에 들어가 하늘에서 쏟아지는 별을 본 적 있는 아이라면 이 풍경을 그려 볼 수 있겠다. 혹시 남해나 진도 같은 깨끗한 지역에 살아 이런 밤하늘을 자주 올려다본 아이라면 아모스 마음을 충분히 알 수 있을 것이다.

그런데 일이 생겼다. 모험심, 호기심, 용기, 그리고 철저한 준비까지 갖춘 아모스가 바다 한가운데서 아름다운 바다 풍경에 감격하고 흥분하여 호들갑을 떨다가 그만 바다에 빠져 버린 것이다. 딱 적당히 흥분했으면 좋았을 것을, 아모스는 분명히 넘치는 행동을 했다. 다행히 아모스가 바다에 빠져 위험해지는 바로 그 순간 고래 보리스가 나타나 아모스의 생명을 구해 준다.

많은 사람들이 이 그림책을 생쥐 아모스와 고래 보리스의 우정 이야기로 본다. 그렇게 보면 안 된다는 말이 아니다. 이 그림책에서 결코 놓칠 수 없는 장면은 바로 아모스가 물에 빠져 도움의 손길을 기다리다 지친 나머지 죽음을 생각하는 대목이다. 죽을지도 모르는 순간, 당연히 죽을 수밖에 없는 그 무서운 순간에 아모스는 아이답고 깨끗하고 솔직한 상상을 한다.

시간이 오래 걸릴까? 그저 무섭기만 할까?
내 영혼은 하늘나라로 올라갈까? 하늘나라에는 다른 쥐들도 있을까?

죽음을 앞둔 그 순간 하늘나라에 먼저 간 친구들을 떠올리며 조금 덜 무서울 수 있다면, 조금 덜 외로울 수 있다면, 그렇게 생각할 수 있는 힘이 있다면 그걸로 아모스는 최선을 다해 순간을 살고 있는 것이다.

2013년 1월 1일 영호는 미국 미네소타 주로 떠났다. 떠나기 하루 전날에, 짐을 꾸리는 영호를 보면서 갑자기 마음이 다급해진 나는 밤늦게까지 안 자고 편지를 썼다. 마침 책꽂이에 이미륵이 쓴 책 『압록강은 흐른다』가 있었다. 그 책 속 어딘가에 길 떠나는 아들에게 어머니가 했던 말씀이 있었던 것 같다. 1919년 의대를 다니던 이미륵은 3·1운동을 했다는 이유로 일본 경찰에게 쫓기는 신세다. 일본 경찰에게 잡히면 어떻게 되는지를 잘 알고 있는 어머니는 아들을 무조건 압록강 건너 북쪽으로 도망치게 한다. 아들과 함께 압록강까지 가는 그 마지막 길에서 어머니는 이야기한다.

먼 길 떠나는 아들에게

너는 종종 용기를 잃는 일이 있었으나 그래도 네 길에 너는 충실했었다. 나는 너를 크게 믿는다. 그래. 용기를 내거라. 너는 국경을 쉽게 넘고 결국 유럽에도 갈 것이다. 이 어미 걱정은 전혀 하지 말아라. 나는 네가 다시 돌아올 때까지. 조용히 기다리겠다. 세월은 매우 빨리 가느니라. 비록 우리들이 다시 만나지 못하는 일이 있더라도 너무 서러워 말아라. 너는 내 생애에 있어서 나에게 정말 많은 기쁨을 가져다주었다. 자, 애야! 이젠 너 혼자서 네 길을 가거라!

— 『압록강은 흐른다』 이미륵 글, 전혜린 옮김, 범우사

    고등학교 인솔 선생님, 친구들과 같이 비행기를 타고 미국으로 가는 중에도 영호는 "너무 겁이 나.", "집에 가고 싶다."라며 문자를 보내다가, 끝내는 미국 땅에 내려 잠시 머문 호텔 목욕탕에서 엄마에게 영상통화를 걸어 굵은 눈물을 흘렸다. 우는 아이 앞에서 나는 의연하지 못하고 같이 울었다.

    호기심, 열정은 있으나 여전히 두려움이 많은 영호가 집을 떠나 밖에서 만나야 할, 이미 만나고 있는 외로움, 두려움, 그리고 절망까지도 엄마는 그저 지켜볼 뿐이다. 이제부터 아이는 외로움, 두려움 같은 그 막연한 감각의 세계를 하루하루 겪으며 몸으로 배워 갈 것이다. 과연 언제일까? 아무도 모르는 일이지만, 아이가 감각 너머에 있는 실체의 세계를 만나 당당히 살아갈 날을 나는 설레는 마음으로, 기도하며 기다린다.

02
나 어릴 적에

아이와 그림책을 보는 중에
또 다른 아이 하나가 자꾸 어른거렸습니다.
들여다보니 엉거주춤 내 안에 있는
풀이 죽은 어린아이였습니다.
그때부터 나와 아이와 그리고 또 내 안에 있는 어린 나,
이렇게 셋이서 그림책을 보았습니다.

아버지 가슴에도
붉은 말이 있었다

『행복한 청소부』 모니카 페트 글 | 안토니 보라틴스키 그림 | 김경연 옮김 | 풀빛

아버지는 60년 가까이 운전을 했다. 트럭, 버스, 레미콘 같은 큰 차를 두루 탔는데 우리들이 어렸을 때에는 버스 운전을 했다. 아버지는 우리 동네 205번 버스의 운전기사였다. 새벽에 나가 우리들이 잠들고 난 밤늦은 시간 온통 기름 묻은 옷을 입고 들어왔다. 그때는 버스 운전기사들이 웬만한 자동차 정비를 스스로 해야 하는 시절이었다.

이틀 일하고 하루 쉬는 날이면 아버지는 하루 종일 꼼짝 않고 잠만 잤다. 아버지 쉬는 날에 엄마는 입을 앙다물고 주먹을 몇 번 휘두르며 나와 남동생을 집 밖으로 내쫓았다. 아버지가 잠을 잘 자야 다음 날 사고 없이 운전을 할 수 있다는 게 엄마 생각이었다. 아무리 생각해도 이때 아버지 얼굴이 기억나지 않는다.

초등학교 3학년 때 우리 반에 새로 전학 온 친구가 내 짝이 되었고, 마음이 잘 맞아 그 친구 집에도 놀러 갔다. 친구네서 놀다가 우리 집으로 돌아올 때도 둘이서 손잡고 걸어왔다. 어느새 큰 도로 앞 횡단보도에 우리 둘이 서 있는데 갑자기 커다란 205번 버스가 내 앞에 멈추더니 앞문이 휙! 하고 열렸다.

"어이, 딸!"

아버지였다. 종점에서 빈 버스로 출발하던 아버지는 큰길가에 있는 나를 발견하고는 내 앞에 차를 세운 거다. 나는 그때 태어나 아버지 얼굴을 처음 본 것 같았다. 새벽에 나가 늦은 밤에 시커먼 얼굴로 돌아오는 아버지, 쉬는 날이면 자고 또 자기만 하는 아버지였다. 낯선 도로 한가운데서 나를 부르는 아버지 얼굴, 아버지 목소리가 낯설었다. 그 와중에도 "예, 아버지." 하고 대답해야 한다고 생각했으나 그렇게 하지 못했다. 한여름 해가 지느라 온통 빨간 하늘 아래서 나는 그만 현기증이 났다. 게다가 전학 온 친구에게 우리 아버지는 '운수업'을 한다고 똑 떨어지게 거짓말을 해 놓은 지 몇 시간도 안 지났을 때였다. 아버지는 다행히 내 앞에 더 머물지 않고 버스 문을 닫고 가 버렸다.

『행복한 청소부』에는 우리 아버지 같은 노동자가 나온다. 청소부 아저씨는 푸른 작업복을 입고 아침 일곱 시부터 저녁 다섯 시까지 거리와 거리 표지판을 닦는다. 이 아저씨가 사는 도시에는 바흐 거리, 베토벤 거리, 토마스 만 광장처럼 유명한 고전 음악가와 작가들의 이름을 붙인 거리가 있다. 아저씨는 거리 표지판을 날마다 깨끗하게 청소하면서도 거기 새겨진 이름이 누구인지는 모르고 살았다.

그런데 어느 날 지나가던 어린 아이와 엄마의 대화를 듣고 아저씨는 새로운 사실을 알게 된다. 아저씨는 망치로 머리를 맞은 것 같은 충격을 받는다.

<blockquote>
유명한 사람들의 이름을 늘 코앞에 두고 있으면서도,
정작 그들에 대해 아무것도 몰랐지 뭐야.
</blockquote>

 아버지 가슴에도 붉은 말이 있었다

그건 안 되지, 이대로는 안 돼. 아저씨는 생각했어.

청소부 아저씨의 인생이 바뀌는 순간이다. 그렇다면 이제 무엇부터 해야 할까? 청소부 아저씨는 마음이 급해졌다. 아저씨는 거리 표지판에 나오는 음악가들이 만든 음악을 듣고, 작가들이 쓴 문학 작품을 찾아 읽었다. 도서관에 가서 책을 빌려 읽고, 돈을 모아 산 레코드판을 들으며 잠을 잤다. 청소 일을 하면서 그 음악가의 음악을 휘파람으로 불고 작가들이 쓴 좋은 문장을 암송했다.

"좀 더 일찍 책을 읽을 걸 그랬어. 하지만 모든 것을 다 놓친 것은 아니야."
글은 아저씨의 마음을 차분하게도 했고, 들뜨게도 했어.
또 아저씨를 곰곰 생각에 잠기게도 했고, 우쭐한 기분이 들게도 했어.
기쁘게도 했고, 슬프게도 했지.

시간이 흘러 청소부 아저씨는 화제의 인물로 텔레비전에 나온다. 청소 일을 하는 사람이 고전음악이나 시, 소설을 즐긴다는 것이 화제가 된 것이다. 청소부 아저씨는 지나가는 사람들 앞에서 시와 소설, 음악에 대하여 알고 있는 것을 재미나게 이야기했다. 점점 더 많은 사람이 아저씨의 이야기를 들으러 사다리 아래로 모여들었다. 나중에는 대학에서 아저씨에게 강의를 해 달라는 요청을 하지만 아저씨는 거절하고 끝까지 청소부 일을 한다.

청소부 아저씨는 '청소부'라는 자기 일을 좋아하는 사람이다. 변함없이 해 오던 일을 하면서 시와 소설 그리고 고전음악을 알아 삶이 더욱더 풍요로워졌다는 것이 아저씨에게는 중요하다.

그림책에는 행복한 청소부를 따라다니는 날개 달린 작은 붉은 말이 나온다. 나는 그 붉은 말이 청소부 아저씨 마음속에 존재하는 열정이라고 본다. 아저씨가 간판을 닦는 중에 지나가는 꼬마 아이가 하는 말 한마디를 귀 기울여 듣고 생각하는 것이 바로 열정이다. 아저씨가 간판에 쓰여 있는 음악가 이름을 찾아보고 음악을 듣고, 시와 소설을 읽는 마음은 모두 열정에서 나온다. 사람 안에 있는 그 열정이 평생토록 삶을 가꾸게 하고 외롭지 않게 한다.

2011년 아버지가 60년 동안 해 온 운전을 그만두던 날, 여섯 자식들이 조촐한 퇴임식을 마련해 드렸다. 나는 짧게라도 아버지 이야기를 쓰고 싶은 마음에 퇴임식 한 달 전 친정에 갔다. 아버지와 단둘이 앉아 아버지가 태어난 고향 이야기, 학교 다닌 이야기, 장가갈 때 상황을 차근차근 이야기할 수 있게 분위기를 끌어갔다. 비록 짧은 시간이었지만 처음으로 아버지 삶의 이야기를 들었다.

아버지 가슴에도 붉은 말이 있었다

아버지가 어릴 때 겪은 6·25 전쟁 이야기는 놀라웠다. 할머니가 어린 아버지와 삼촌들을 데리고 강원도에서 대구 어디까지 피난을 가서 떡을 만들어 팔았다고 했다. 피난에서 힘겹게 다시 돌아와 보니 다니던 학교가 폭격으로 없어져 버렸단다. 권정생이 쓴 전쟁 동화에서 보던 처참한 일들을 어린 아버지도 똑같이 겪었다는 것을 처음 알았다.

아버지는 꼬마 신랑처럼 어린 나이에 결혼하여 아이를 낳다 보니 아버지라는 책임감이 무엇인지 모르고 그저 운전만 하고 살았다고 했다. 아들이 귀하고 딸이 천하다는 생각에 딸들을 제대로 공부시키지 못하여 미안하다고도 했다. 그러면서 아버지는 30년 넘게 써 온 일기장을 꺼내 놓았다. 한결같은 글씨로 하루도 빼놓지 않고 쓴 아버지의 일기장이 서른 권이 넘었다. 새벽에 나갔다가 늦게 집에 오면 쓰러져 자는 줄만 알았던 아버지가 하루의 마침표를 찍듯이 일기를 쓴 것이다.

운전만 하고, 쉬는 날에는 잠만 자는 분인 줄 알았던 우리 아버지 가슴에도 행복한 청소부처럼 날개 단 붉은 말 하나가 있었다. 그날 나는 퇴임식장에 아버지 일기장을 가져가 가족들, 친척들이 볼 수 있도록 전시했다. 그날 퇴임식 사회를 보던 나는 내가 글쓰기를 좋아하는 것도 모두 아버지 덕분이라고 힘주어 말했다. 아버지를 따라다니는 '평생 운전'에다가 '평생 일기'라는 아름다운 훈장 하나를 더 얹어 드렸다.

"운전을 하면서 본의 아니게 사고로 먼저 세상을 보낸 목숨이 있습니다. 두고두고 자손들이 복 있는 일을 많이 했으면 좋겠습니다."

아버지는 퇴임식에서 이 말을 하며 잠시 어깨가 흔들렸다. 이제 그만 아버지 어깨를 누르던 무거움을 내려놓으면 좋겠다.

아버지 가슴에도 붉은 말이 있었다

엄마와 나만 아는 시간,
엄마도 기억하고 계실까?

•

『**조그만 발명가**』 현덕 글 | 조미애 그림 | 사계절

•

    친정집 작은방 한 귀퉁이에는 엄마가 어디에서 주워 온 키 낮은 책상이 있고, 그 위에 엄마가 아끼는 재봉틀이 있다. 재봉틀 바로 위에는 천장에서부터 내려온 운동화 끈에 실패가 매달려 있다. 재봉틀을 밟을 때 윗실이 꼬이지 않고 잘 들어갈 수 있게 해 놓은 엄마 아이디어다.

    엄마는 여섯 남매 자식들을 다 결혼시키고 나서 방 하나를 온전히 차지했고, 거기에 재봉틀을 갖다 놓고 10년쯤 화려한 창작의 시간을 누렸다. 친정에 가는 날 나와 언니들은 엄마 방에 들어가 엄마가 쪼가리 천으로 궁리하며 만들어 놓은 창작물을 구경했다. 깜찍한 쿠션, 아버지 잠옷, 월남치마 들을 딸들이 서로 입어 보고 가져가겠다며 깔깔거리며 재미있어 하는 동안 옆에서 손

주들은 허공에 매달린 실패를 장난삼아 툭툭 치며 놀았다. 엄마가 보기에 참 좋았을 것이다.

 1970년대 엄마는 여섯 아이들 중에 젖먹이 남동생과 마침 학교에 갈 나이가 된 나를 데리고 아버지를 따라 서울에 왔다. 우리보다 몇 달 앞서 서울에 온 아버지가 얻어 놓았다는 영등포 산동네 셋방은 정말로 작았다. 엄마는 그 작은 방에서 나와 막냇동생을 키우며 새벽에 나가 밤늦게야 오는 아버지를 기다렸다. 시골에서 농사일만 했던 엄마는 '눈 감으면 코 베어 간다'는 서울이 무서워 문을 닫고 앉아 부지런히 손을 움직여 바느질을 했다.

 "엄마, 왜 입술이 튀어나왔어?"

 엄마가 바느질에 집중할 때면 입술을 앞으로 쭉 내미는 게 신기해서 몇 번 물어보면 엄마는 "내가 언제 그랬냐?"며 내게 통을 주었다. 이불 홑청을 꿰매거나 홍두깨를 밀어 칼국수를 만들 때 엄마는 나더러 좁은 방에 있지 말고 나가서 놀라고 했다.

 주인집에 하얗게 생긴 딸 둘이 있었던 것 같은데 그 아이들은 둘이서 꼭 붙어 다니며 저희끼리만 놀았다. 좀처럼 나를 끼워 주지 않았다. 그 아이들은 작은 공책을 가지고 동네 점방에 가서 먹고 싶은 것을 먹었다. 나는 그 작은 공책이 대체 뭐기에 주인집 하얀 아이들이 그거 하나만 들고 가게에 가 맛있는 걸 먹는지가 궁금하고 신기하고 샘이 나서 죽을 것 같았다. 나중에 그게 '외상장부'라는 것을 알았다.

 엄마와 나만 아는 시간, 엄마도 기억하고 계실까?

나는 특별한 일 없이 친구도 없이 그 산동네 작은 방에서 엄마 옆에 엎드려 놀았다. 엄마는 아버지 월급을 알뜰히 모아 날이 잘 드는 일제 재단 가위를 샀고, 어디서 옷본을 구해 와 바닥에 천을 펴 놓은 다음 그 옷본을 올려놓고 그대로 따라 그렸다. 엄마가 옷본대로 바지 엉덩이 부분을 뾰족하게 그리는 것을 보는 동안 나는 옷본에서 어떻게 옷이 되는지 도통 알 수가 없어 답답했다. 다 만들어진 바지 어디를 보아도 그렇게 뾰족하게 튀어나온 곳이 없었으니까. 평면인 도면에서 바지 모양을 연결해서 생각하는 힘이 부족했던 나이였다. 엄마가 도면 없이 쉽게, 기가 막히게 그려 만드는 것은 버선이었다. 엄마는 천 두 장을 겹쳐 놓고 버선코에서부터 뒤꿈치까지 한 번에 그렸다. 양말 대신 평생 손수 버선을 만들어 신어 버릇한 엄마 발은 유난히 뾰족하고 예쁘다.

『조그만 발명가』는 1939년에 쓴 현덕의 글이 원작이다. 현덕은 그 시절에 가난한 어린이들이 주인공으로 나오는 동화를 많이 썼다. 현덕 동화에는 '노마'라는 남자아이가 단골로 나온다. 노마는 아버지가 안 계시고 삯바느질하는 어머니와 단둘이 가난하게 사는 아이다. 노마랑 날마다 어울려 노는 영이, 똘똘이도 다 비슷비슷한 형편이다. 그 아이들보다 형편이 나은 기동이는 포도나 과자, 그리고 물딱총, 세발자전거를 가지고 골목에 나와 다른 아이들의 부러움을 산다.

장난감이 없고 맛있는 것이 부족한 대신 노마와 골목 아이들은 노는 궁리가 뛰어나다. 비싼 장난감이 없어도 날마다 골목에 나가 아이들과 씩씩하게 고양이놀이, 토끼놀이, 기차놀이, 엄마놀이, 구슬치기를 한다.

『조그만 발명가』에서 노마는 웬일로 골목에 나가 친구들과 놀지 않고 바느질하는 어머니 옆에 엎드려 있다. 어디서 구했는지 커다란 상자갑이 있다. 노마는 어머니 반짇고리 안에 들어 있는 가위, 자, 연필을 가지고 이 상자갑을 기차로 만들어 보려 한다. 못 쓰게 된 종이상자는 시대를 초월하여 아이들에게 좋은 장난감이 되는가 보다. 노마는 펼친 상자갑 위에다 대나무 자를 놓고 똑바로 선을 긋고 밥사발을 엎어 놓고 동그란 기차 바퀴를 그린다. 기차 바퀴를 그리던 노마가 고개를 들어 어머니에게 묻는다.

"어머니, 기관차 바퀴는 몇 개유?"
"셋씩 셋씩 여섯 개이겠지."
"그럼 사람 타는 차 바퀴는?"
"그건 둘씩 둘씩 네 개고."
"그럼 짐 싣는 차는?"
"그건 사람 타는 차 바퀴와 같겠지."

 엄마와 나만 아는 시간, 엄마도 기억하고 계실까?

지금 노마가 만드는 기차는 사람 싣는 객차, 짐을 싣는 화물차, 그리고 맨 앞에 증기기관차, 이렇게 세 덩어리로 된 기차다. 기차마다 바퀴 수가 다르고 창문은 손님을 싣는 객차에만 있어야 하는 거다. 노마는 또 묻는다.

"어머니, 사람 타는 차 창은 몇 개유?"
"글쎄, 몇 개나 될까?"
"몇 개야?"
"글쎄, 그건 모르겠는데."

사람이 타는 객차 유리창 수를 어머니가 어떻게 알까? 그러나 노마는 포기하지 않고 책을 뒤져 본 끝에 객실 창문 개수를 알아내고 덤으로 기차 맨 앞에 불을 밝히는 커다란 등이 있는 것도 알아낸다. 노마는 기차마다 바퀴를 붙이고 서로 연결한 뒤 증기기관차 위에다가는 연기가 빠지는 연통도 만들어 끼웠다. 마지막으로 기차 맨 앞에 커다란 등불도 달았다.

정말 발명가가 정말 기차를 만들었을 때 기쁨이나 조금도 못하지 않습니다.

아들 노마가 으스대며 자기가 만든 기차를 선반 위에 올려놓는 것을 어머니는 기특하게 바라본다.

　어릴 적 영등포 언덕 작은 셋방에서 나와 엄마는 노마네 모자처럼 이야기를 주고받으며 행복했을 것이다. 내가 배를 깔고 엎드려 학교 숙제를 하는 동안 엄마는 내 옆에서 한글을 익혔다. 내가 낙타표 문화연필에 침을 발라가며 '가, 갸, 거, 겨'를 써 내려가는 동안 엄마는 속으로 따라 읽었다. 지금도 친정집 목욕탕, 장롱, 냉장고 문에는 엄마가 그때 배운 실력으로 소리 나는 대로 써 놓은 메모가 많이 붙어 있다.
　'샴푸, 린쓰, 아버지 양물, 내 소곳'
　나는 친정에 가면 집 안 곳곳에 엄마가 써 놓은 이 글씨들로 비로소 친정집을 만난다. 어릴 때부터 늘 보아 온 저 친숙한 글자들을 보면 진짜 엄마 집에 와 있는 것 같다.
　지금 우리 엄마 빨간 재봉틀 덮개에는 먼지가 쌓여 있고, 천장에서 내려와 허공에 매달린 실패는 일없이 몇 년째 심심하다. 몸이 많이 아픈 엄마는 제일 좋아하는 일을 못하고 계신다. 엄마를 도와 드릴 마땅한 생각이 떠오르지 않는다. 나는 이렇게 기억이 생생한데 엄마는 나와 지낸 그때 영등포 산동네 작은 집 시간들을 기억하고 계실까?

엄마와 나만 아는 시간, 엄마도 기억하고 계실까?

친정 엄마가 네 딸들에게 둘러 싸여
재봉 솜씨를 뽐내던 때가 있었다.

강원도 할아버지가 남긴 선물

『우리 할아버지』 존 버닝햄 글·그림 | 박상희 옮김 | 비룡소

어릴 때 방학이 되면 나는 강원도에 있는 할아버지 집에 가서 지냈다. 서울 산동네 좁은 집에 살다가 기차를 타고 강원도 할아버지 집에 가면 사촌들이랑 어울려 넓은 마당에서 뛰어놀면서 맛있는 감자떡이랑 찰옥수수를 실컷 먹었다.

할머니, 할아버지는 손주들을 특별히 귀여워하는 표현이 없었다. 생각해 보면 그분들이 해야 할 농사일이 너무 많았다. 아들 딸 차별이 심하여 내가 심부름을 잘못하거나, 남동생이랑 싸우면 할아버지는 이유를 묻지 않고 나를 혼냈다. 할아버지는 무섭고, 할머니는 무뚝뚝하여 도통 내 편을 들어주지 않으니 혼나고 나서 혼자 어두운 광에 들어가 울 때도 있었다.

시골의 밤은 일찍 찾아왔다. 할머니는 힘든 밭일을 마치고 저녁이 되면 늘 머리가 아프다 했다. "아이구 머리야, 머리야." 하며

깡통을 열어 하얀 '뇌신' 알약 두 개를 손바닥에 놓고 입 안에 탁 털어 넣었다. 그러는 동안 나는 옆에서 할머니가 피울 담배를 말았다. 내가 좋아하는 이 시간을 위해 나는 미리 공책 종이 한 장을 여섯 등분하여 칼로 잘라 놓았다. 그 종이에 담배 가루를 올려놓고 돌돌 말아 드리면 할머니는 길게 길게 담배 연기를 뿜어내며 맛나게 피웠다. 어린 마음에도 담배 피우는 할머니가 멋있어 보였다.

  나는 그렇게 방학 때마다 갔던 강원도 시골을 잊지 못한다. 시골집을 둘러싸고 있던 큰 산, 시골 저녁 냄새, 마당에 있던 소, 강아지, 닭, 옥수수, 감자, 할머니 할아버지가 하던 고된 농사일, 밭일······. 그런 기억이 없었다면 내 삶은 혹시 다른 엉뚱한 것을 좇으며 살았을지도 모르겠다.

  『우리 할아버지』 첫 장면에서 할아버지는 소파에 앉아 팔을 벌려 어린 손녀딸을 반갑게 맞이한다. 그림책 처음부터 끝까지 나이 든 할아버지 말고 다른 어른이 나오지 않는 걸 보면 어린 여자아이에게 어떤 사정이 있어 혼자 사는 할아버지 집에 맡겨진 걸까 궁금하다.

  할아버지와 손녀딸은 얼마 동안은 서로 어울리지 못한다. 서로 알아듣지 못하는 말을 하고, 서로 다른 곳을 보며 다른 노래를 부른다. 그러다가 차츰 할아버지는 손녀딸이 하는 인형놀이, 소꿉놀이 세계에 들어오고 손녀딸은 할아버지가 하는 이야기를 듣기 시작한다.

노아는 육지가 멀지 않았다는 걸 알았단다.
비둘기가 올리브 가지를 물고 오는 것을 보았기 때문이지.

할아버지, 그럼 우리 집도 배가 되나요?

오랜 세월을 살아온 할아버지와 이제 막 세상 경험을 하기 시작한 손녀딸 사이에 있는 시간의 간극은 멀다. 손녀딸은 가슴에 곰돌이 인형을 안고 있고, 할아버지는 손에 세상 소식이 담긴 신문을 꼭 쥐고 있다.

할아버지한테 그렇게 말하는 게 아니지.

둘 사이에 무슨 일이 있었는지 등 돌린 손녀딸에게 할아버지가 하는 말이다. 이쯤에서라면 할아버지의 인내가 바닥날 만하다. 그러나 할아버지와 어린 손녀딸 말고는 옆에 아무도 없다. 그러니 어쩌겠는가? 다음 장면에서 할아버지와 손녀딸은 다시 마주 앉아 소꿉놀이를 한다.

 강원도 할아버지가 남긴 선물

이거 참 맛있는 초코 아이스크림이구나.

초콜릿이 아니에요, 딸기예요.

딸기 아이스크림을 초코 아이스크림이라 말하여 무안을 당해도, 할아버지와 손녀 둘만의 시간은 계속된다. 둘은 손을 잡고 바닷가에 나가 모래놀이를 하고, 네 시가 되면 차를 마시러 집으로 온다. 손녀딸이 태양 아래서 모래성을 쌓는 동안 할아버지는 옆에 누워 낮잠을 잔다. 여전히 할아버지 한쪽 손에 있는 신문은, 할아버지가 끝까지 붙들고 있는 세상과의 연결일까? 둘은 배를 타고 호수에 나가 고기를 잡는다.

봄, 여름, 가을이 지나고 겨울이 왔다. 봄에 할아버지 집에 온 손녀딸은 할아버지와 사계절을 지내면서 키가 자라고 철이 들었다. 그러나 찬 바람 부는 겨울날에 할아버지 옆에는 좋아하는 신문, 찻잔, 파이프 담배 대신 약병, 체온계, 찜질기가 놓여 있다.

할아버지는 오늘 나가서 놀 수가 없단다.

할아버지의 이 말은 선언과도 같다. 할아버지가 손녀딸과 놀 수가 없다는 것은, 먹을 수 없고, 노래할 수 없고, 배를 탈 수 없고, 고기를 잡을 수 없고……, 그리고 살 수 없다는 뜻이다. 그림

할아버지보다 2년 앞서 세상 떠나신 우리 할머니 입니다. 하루 농사일을 마치고 내가 말아 드린 잎담배를 피우십니다.

책 배경에서 봄, 여름, 가을, 겨울로 이어지는 사계절의 변화는 할아버지 인생의 마지막을 느끼게 한다. 이제 할아버지에게는 이 겨울이 마지막 계절이다. 안타깝지만 손녀딸은 이 겨울에 늘 함께 있던 할아버지가 갑자기 '함께 있지 않는' 상황을 만나야 한다. 그리고 나중에 손녀딸은 그것이 '죽음'이라는 것을 알게 될 것이다. 손녀딸은 겨울이 올 때마다 가장 먼저 가슴 한쪽이 짜르르해지며 할아버지와 헤어진 그 시간을 떠올릴 것이다.

마지막 장면에서 할아버지 초록 의자에 할아버지가 없다. 초록 의자는 덩그러니 비어 있어 쓸쓸하기만 하다. 그래도 다행인 것은 쓸쓸한 초록 의자에 지난 사계절 동안 손녀딸이랑 할아버지가 함께 누렸던 행복한 시간들이 겹쳐 보인다는 거다. 할아버지 초록 의자를 바라보는 손녀딸은 색깔이 없다. 손녀딸은 온몸에서 색깔이 빠져나간 채 앉아 있다. 손녀딸은 지금 슬픔을 겪어 내는 중이다. 지금 할아버지가 옆에 없다는 건, 손녀딸이 태어나 처음 배운 슬픔이다.

생각해 보니 나도 그림책 속 아이처럼 우리 할아버지의 마지막을 지켜보았다. 손주들이 방학에 떼를 지어 시골집에 내려와 지내는 동안 강원도 할아버지와 할머니는 할 일이 많고 번거로운 일투성이였지만 그래도 행복한 시간이었다. 아이들이 머리가 크면서 하나둘 강원도 시골집에 가지 않았고 그러던 중 할머니가 쓸쓸히 먼저 세상을 뜨셨다. 할머니 없이 커다란 시골집에 혼자 남은 할아버지는 평생 살던 곳에 그대로 있고 싶어 했으나 그러지 못했다.

할아버지는 서울 좁은 우리 집으로 옮겨 와 작은방 하나를 차지하고 지냈다. 할아버지는 더 이상 시골집 넓은 마당에서 손자 손녀들을 무섭게 호령하는 분이 아니었다. 하루 종일 좁은 방에 쪼그리고 앉아 며느리가 차려 주는 세 끼 끼니에다가 소주를 반주로 드셨다.

그때 연애를 하고 있던 나는 지금의 남편을 집에 데려가 할아버지에게 인사시켰다. 손녀딸 남자 친구가 사 온 딸기를 앞에 놓고 할아버지는 소주를 꽤 많이 따라 드셨고 남편도 낯설어하지 않고 할아버지와 함께 낮술을 마셨다. 할아버지는 기분이 좋으셨던지 사주 보는 책을 꺼내어 우리 둘 운세를 봐 주셨다. 남편은 지금도 그때 한 번 만난 우리 할아버지를 딸기 안주에 소주를 드시는 특이한 할아버지라고 말한다.

"다녀오겠습니다.", "다녀왔습니다." 하는 인사 말고는 우리 식구들이 할아버지 방에 들어가 같이 시간을 보내는 일이 점점 줄었다. 용기를 내어 "할아버지 산책 가시자요." 해 보아도 할아버지는 도통 반응이 없었다. 사람이 그렇게 빠른 속도로 변해 갈 수 있다는 것을 하필이면 우리 할아버지를 통해 경험했다.

작은 방에 갇혀 지내면서 답답해하던 할아버지는 서울 온 지

강원도 할아버지가 남긴 선물

1년 만에 정말로 답답하게 병이 들었다. 병든 할아버지를 나는 무서워했다. 나중에는 할아버지 방에 들어갔다 나올 때면 할아버지가 뒤에서 나를 꽉 붙잡고 안 놔 줄 것 같은 무서운 상상이 떠올랐다. 그걸 엄마에게 말했더니 이제 할아버지가 돌아가시려고 식구들과 정을 떼는 중이라는 더 무서운 말을 했다.

우리 할아버지에게 세 끼 밥보다, 식사 중에 빠지면 안 되는 소주보다 중요한 것이 강원도 고향 산천이었다. 우리 할아버지는 고향, 자연이라는 말을 평생 입에 올리지 않았지만 그냥 할아버지 몸이 풀이고 나무고 산이고 흙이었다. 생각이 온통 강원도 시골집에 머물러 사는 분이었다.

할아버지는 결국 강원도 집에 가고 싶다고 떼를 쓰셨다. 할아버지는 답답한 서울 집을 떠나 시골집으로 가 그곳에서 보름을 보내고 할머니 곁으로 가셨다. 엄마 말과는 다르게 할아버지는 돌아가시면서 나에게 정을 떼지 않고 가셨다. 할아버지가 떠나고 안 계신 작은방이 무섭지 않았으니까. 짧은 시간이었고, 할아버지에게는 답답한 시간이었지만 그래도 큰아들인 우리 아버지 집으로 와 며느리와 손주들의 살뜰한 보살핌을 받을 수 있어 다행이었다. 삶이 끝나기 전 그리운 고향으로 가신 할아버지를 내가 이렇게 선명하게 기억하는 것은 그때 우리 식구들과 보낸 1년이란 시간 덕분이다.

토끼 닮은 사람이 있던 자리

『용구 삼촌』 권정생 글 | 허구 그림 | 산하

겨우 밥을 먹고 뒷간에 가서 똥 누고 고양이처럼
입언저리밖에 씻을 줄 모르는 용구 삼촌은,
언제나 야단만 맞으며 자라서인지 벙어리에 가깝게
말이 없었습니다.

용구 삼촌은 나이가 서른 살이 넘었지만 건넛집 다섯 살배기 영미만도 못하다. 영미는 백 원짜리 동전을 가지고 구멍가게에 가서 얼음과자를 사 먹을 줄 아는데 용구 삼촌은 그런 것도 할 줄 모른다. 어리숙한 용구 삼촌은 겨우 소를 몰고 나가 풀을 뜯기고 저녁에 집에 돌아오는 일이 전부다. 그래도 옛날 농촌에는 그런 일밖에 할 줄 모르는 용구 삼촌에게 말을 걸어 주고 웃어 주는 동네 노인들이 계셨다.

"용구도 이제 소를 다 뜯길 줄 알고, 색싯감만 있으면 장가도 가겠구나."

용구 삼촌은 어머니와 함께 형 집에서 살았다. 조카 경희와 경식이는 '바보 삼촌은 그래도 우리 집에서 없어서는 안 되는 너무도 따뜻한 식구'라며 용구 삼촌을 좋아한다. 용구 삼촌의 삶은 어쩔 수 없이 외롭지만 이런 따뜻한 가족 덕분에 그런대로 견디고 산다.

강원도 우리 할아버지 집에도 용구 삼촌 닮은 머슴 아저씨가 있었다. 최 서방 아저씨라고 불렀다. 최 서방 아저씨는 언제나 눈을 씀벅씀벅하며 누런 코를 훌쩍거렸다. 아저씨는 아침에 일어나자마자 소죽을 끓이고 식혀서 소죽통에 담아 주는 것으로 하루를 시작했고, 우리 할아버지는 그 최 서방 아저씨를 따라다니며 잔소리를 했다. 마당에서 두 어른들이 왔다 갔다 일하는 동안 부엌에서 할머니는 아침을 준비했다. 아침밥이 다 되면 나랑 언니가 부지런히 밥과 반찬을 안방으로 날랐다. 기다란 안방 맨 윗자리에는 할아버지 독상이 놓이고, 다음으로 최 서방 아저씨 상이 또 하나 놓인다. 커다란 주발에 쏟아져 내릴 것처럼 밥을 고봉으로 담고 옆에 국 하나, 김치 하나 놓으면 아저씨 밥상은 끝이다. 언니와 나 그리고 여자 사촌들은 할머니랑 함께 둥근 상을 차려 놓고 밥을 먹었다. 가끔 오는 사촌 오빠나 우리 남동생은 남자라고 특별히 할아버지랑 겸상을 했다. 최 서방 아저씨는 눈을 씀벅씀벅, 식은땀을 흘리며 밥그릇을 깨끗이 비우고 나서 바로 방을 나가 지게를 지고 산에 나무를 하러 갔다.

겨울 점심때가 되면 할머니는 찌그러진 누런 양은 냄비 두 개에 똑같이 김치를 깔고 찬밥을 넣고 들기름을 주룩 붓는다. 나는 그중 한 냄비에다 숟가락 하나를 꽂고는 마당을 가로질러 사랑채에 있는 아저씨 방으로 가 아직 불이 남아 있는 화로 위에 올려놓는다. 최 서방 아저씨가 나무 한 짐 가득한 지게를 마당에 내

토끼 닮은 사람이 있던 자리

려놓을 때쯤에는 화로에 올려놓은 냄비 속 김치는 들기름에 고소하게 익고 찬밥은 서서히 데워져 비비기 딱 좋은 상태가 된다. 안방에서는 할머니랑 언니랑 내가 화롯불 가에 둘러앉아 냄비밥을 먹었고, 사랑방에서는 최 서방 아저씨 혼자 눈을 씀벅거리며 냄비밥을 먹었다.

 학교에 들어가 한글을 배우고 나서 나는 아저씨 같은 어른이 글자를 모른다는 게 믿어지지 않았다. 방학 때 시골에 가면 사랑채 아저씨 방 벽에다 분필로 '아저씨 바보'라고 써 놓고 쏜살같이 안채로 도망을 왔다. 그런데 하루를 기다려도 아저씨는 화를 내기는커녕 거기 뭐가 있는지도 모르는 눈치였다. 아저씨 놀리는 것도 별 재미가 없던 나는 아저씨 내복에 있는 이를 잡았다. 이는 내복 솔기 사이사이에 죽은 척 숨어 있었다. 솔기 사이에 있는 이를 손으로 집어내 화롯불에 떨어뜨리면 지지직 소리가 나며 구수한 냄새가 올라왔다.
 날마다 똑같은 일을 반복하며 살았지만 최 서방 아저씨에게도 드물게 다른 일이 생기기도 했다. 어느 해에는 아저씨가 어떤 여자를 좋아했다. 그런데 하필 어디 사는지 모르게 돌아다니는 실성한 여자였다. 최 서방 아저씨가 할머니에게 그 여자를 데려오겠다고 말했을 때, 할머니가 했던 말씀이 가물가물 생각이 난다.
 "저두 남자라고. 지 몸도 건사 못하는 놈이 미친년 데려다 아라도 나면……."

　결국 최 서방 아저씨는 사랑을 이루지 못했다. 아저씨는 글도 모르고 생각도 모자랐다. 아무것도 할 줄 몰라 길에 내놓으면 큰일 날 거라고 할아버지가 늘 걱정했다. 그렇다고 여자를 사랑하고픈 마음이 없는 건 아니었다. 외로운 최 서방 아저씨는 누군가와 함께 살 부비고 살고 싶었던 거다. 안타깝게도 아저씨한테는 할아버지 할머니 말씀을 거스를 힘이 없었다. 그 일이 있고 나서였던가? 나는 최 서방 아저씨가 돌담 넘어 이웃집 개들이 교미하는 장면을 보며 혼자 웃는 걸 보았다.

　전쟁 피난길에 식구들과 떨어져 혼자 된 최 서방 아저씨는 먹여주고 재워 준다는 조건으로 우리 할아버지네 머슴이 되어 30년을 살았다. 아저씨는 결혼도 못한 채 할아버지 집에서 살다가, 어느 날 나타난 형님이라는 사람에게 이끌려 또 다른 집으로 머슴살이를 떠났다. 아저씨 형님은 동생이 30년 머슴살이 한 품삯을 한 달에 쌀 한 가마니로 계산하여 현금으로 챙겨 갔고, 헤어지는 날 아저씨랑 우리 할아버지가 눈물을 흘렸다는 이야기를 들었다. 아저씨를 할아버지가 데리고 있기에는 아저씨 형님이 요구하는 임금이 과했다고 했다. 최 서방 아저씨가 또 다른 집에 가서 새로운 일을 할 수 있을까? 언젠가 아버지에게 최 서방 아저씨 안부를 물었더니 아버지는 고개를 가로저으며 "그 양반 못 살고 죽었을 거야."라고 했다.

토끼 닮은 사람이 있던 자리

『용구 삼촌』에서 어느 날 소를 몰고 나간 용구 삼촌이 집에 돌아오지 않는다. 늙은 어머니는 모자란 막내아들이 산에서 길을 잃었으니 속이 타들어 가 앉지도 서지도 못하고 큰아들만 재촉한다. 늦은 밤 동생이 돌아오지 않는 것은 큰일이지만 어두운 산속 어디서부터 어떻게 찾아야 할지 경식 아버지는 막막한 심정이다.

경식 아버지는 안절부절못하는 어머니를 보면서 서둘러 동네 어른들을 불러 모아 횃불을 들고 산으로 간다. 경희와 경식이도 아버지를 따라 산으로 가려는데 엄마가 나서서 아이들을 말린다.

"경식아! 안 된다. 가지 마!"

아주 짧게 지나가는 한 줄이지만 내 눈에는 그 경희 엄마 행동이 확 들어온다. 어미가 자식을 어둡고 캄캄한 산으로 보내지 않으려 팔을 뻗는다. 내 새끼니까, 엄마는 위험한 곳으로 새끼를 보내고 싶지 않다. 막내아들 때문에 속이 타들어 가는 시어머니를 생각하면 그러지 말아야 한다. 하지만 그런 생각과는 다르게 몸은 벌써 새끼를 움켜쥐고 있다. 경식이는 그런 엄마를 뿌리치고 용구 삼촌을 찾아 산으로 간다.

'삼촌, 삼촌, 제발 어서 나타나 줘, 살아 있어 줘.'

 토끼 닮은 사람이 있던 자리

마을 아저씨들과 아버지는 한 시간이 넘게 산을 다니며 '더 이상 찾을 수 없을 만큼 샅샅이 뒤졌는데도' 삼촌을 찾지 못한다. 그러다가 어느 순간 산 저쪽 어디서 아저씨들의 불빛이 한곳에 모여들었다. 무엇인가를 발견한 모양인데 아무도 말이 없다. 자연히 이쪽에서도 불안한 마음에 "용구 삼촌이야?" 하고 묻지 못한다. 경식이와 아버지가 마지막 숨을 다해 달려가 보니 거기 용구 삼촌이 누워 있다. 움직이지 않고 가만히. 아무리 용구 삼촌이 가는귀가 먹었다 해도 그렇지, 이렇게 소란한데 눈을 뜨지 않다니 삼촌이 죽은 건가?

"용구 삼촌!"
나는 더 참을 수 없어 삼촌을 흔들어 깨웠습니다.
그러자 그때까지 곤히 잠들었던
멍청한 회갈색의 산토끼가 놀라 눈을 뜨더니
축구공처럼 굴러가듯 달아나는 것이었습니다.

용구 삼촌 품에서 토끼 한 마리가 튀어나왔다. 소를 몰고 나간 삼촌은 대체 언제부터 산에서 이렇게 작은 토끼를 안고 잠이 들었던 걸까?

아카시아 잎을 주면

아카시아 먹고

바랭이 잎을 주면

바랭이를 먹고

아무것도 없으면

가만히 있고

어느 때까지나 가만히 기다리고

— 「토끼2」 『어머니 사시는 그 나라에는』 권정생 글, 지식산업사

『용구 삼촌』의 작가 권정생이 쓴 토끼 연작시 중 「토끼2」다. 세상이 돌아가는 대로 사람들이 뭐라 말하는 대로 그저 멀뚱히 바라보며 겨우 시킨 일만 하는 용구 삼촌은 시에 나오는 토끼를 꼭 닮았다. 사람들 속에서 바보 취급 받고 눈치 보며 일하느라 용구 삼촌은 많이 고단했던 거다. 산에서 토끼를 안고, 토끼의 따뜻한 체온과 함께 모처럼 깊은 잠을 자면서 용구 삼촌은 평화로웠을 거다. 새털처럼 몸과 마음이 가벼웠을 거다.

토끼 닮은 사람이 있던 자리

꼭 듣고 싶은 말을 해 주는 사람이 있어서 다행이다

•

『느끼는 대로』 피터 레이놀즈 글·그림 | 엄혜숙 옮김 | 문학동네어린이

•

레이먼은 그림 그리기를 좋아했어요.

『느끼는 대로』에서 맨 처음 나오는 문장이다. 주인공 레이먼은 언제나, 어디서나, 무엇이든지 그림을 그리는 아이다. 놀이하듯이, 밥 먹듯이 날마다 종이와 연필을 들고 고개 숙여 무엇인가를 그린다.

어느 날 레이먼이 그린 꽃병 그림을 본 형이 비웃으며 말한다.

"도대체 뭘 그리는 거야?"

레이먼이 어떤 그림을 그려 놓은 걸까? 형은 동생 그림을 보고

솔직하게 자기 생각을 말했을 뿐이었지만 동생은 그런 형의 말을 듣고 화가 난다.

처음에는 형의 말을 곱씹어 생각해 본다. 레이먼은 분명 꽃병을 보고 그림을 그렸는데 형이 그걸 모른다는 거다. 레이먼은 그림 그리던 방식을 바꾸어 보기로 마음먹는다. 그러니까 지금까지는 대상을 보고 떠오르는 것을 그렸다면 이제부터는 대상을 있는 그대로 따라 그려 보기로 한 것이다.

그러나 생각만큼 그림이 잘 그려지지 않는다. 레이먼은 좌절을 거듭하다가 결국 그림 그리고 싶은 마음까지 잃어버리고, 앞으로 절대 그림을 안 그리겠다는 결심을 한다. 마음대로 그림을 못 그리게 된 레이먼은 엄청나게 화를 내며 지금껏 그린 그림들을 다 구겨 버리고 꽃병을 던지기까지 한다.

다행히 레이먼에게는 레이먼의 그림을 누구보다 좋아하는 깜찍한 여동생이 하나 있다. 여동생 마리솔은 그동안 오빠가 망쳤다고 휴지통에 구겨 버린 그림들을 다시 주워다 자기 방 벽에 붙여 놓았다. 어쩌면 같은 집안 아이들끼리 생각이 달라도 이렇게 다를 수 있단 말인가? 레이먼은 분명히 감동했을 것이다. 마리솔 방에 붙어 있는 그림 중에는 얼마 전 형이 보고 비웃는 바람에 구겨 버린 꽃병 그림도 있었다. 마리솔은 마침 그 꽃병 그림을 가리키며 말한다.

꼭 듣고 싶은 말을 해 주는 사람이 있어서 다행이다

"내가 제일 좋아하는 그림이야."
마리솔이 그 중 하나를 가리키며 말했어요.
"꽃병을 그렸는데……
꽃병처럼 보이지 않아."
레이먼이 말했어요.
"그래도 꽃병 느낌이 나는걸."
마리솔이 큰 소리로 말했어요.

꽃병 느낌이 난다! 마리솔은 지금 레이먼에게 딱 필요한 말을 했다. 레이먼이 꼭 듣고 싶은 말을 해 주었다. 레이먼은 지금 누구한테 어떤 말을 들어서라도 다시 그림을 그리고 싶은 심정이다. 그런데 마리솔이 멋진 말로 용기를 주었으니 얼마나 좋았을까? 만약에 마리솔이 "아냐, 큰오빠가 잘 몰라서 그래. 오빠 그림 정말 꽃병 같아."라고 말했다면 레이먼은 믿지 않았을 것이다. 그렇지 않아도 자기 그림을 좋아해 주는 동생에게 감동하고 있는 레이먼은 또 한 번 놀란다. '꽃병 느낌'이란다. 그림을 그리면서도 본인은 어떤 그림을 그리는지 미처 생각하지 못한 것을 동생이 한 마디로 정리를 해 주었다. 그 말 한마디에 레이먼은 다시 살아나 그림을 그린다.

나도 어릴 때 레이먼처럼 그림 그리기를 좋아하는 아이였다.

그러나 레이먼과 다르게 나는 사물을 있는 그대로 그리는 걸 좋아했다. 내가 어릴 때에는 학교 다니는 언니들 옆에서 인형 옷을 그렸다. 나중에 언니들이 내가 그린 인형 옷이 예쁘다고 얻어 갔다. 학교에 들어가서는 수업 시간에도 그림을 그렸다. 새로 공책을 사면 맨 뒷장에다 인형, 뾰족구두, 드레스부터 그렸다. 그림이라기보다는 낙서에 가까웠다. 제일 신나는 건 미술 시간이었다. 공책 귀퉁이 여백이 아니라 커다란 도화지에다 그림을 그릴 수 있었으니까.

어느 날 다락에서 혼자 놀다가 창밖으로 주인집 마루 끝에 놓인 선인장 화분을 보았다. 그냥 그리고 싶어 스케치북과 12색 크레파스를 꺼내 화분에 담긴 선인장을 그렸다. 지금도 기억한다. 연두와 초록색 크레파스를 적절히 섞어 칠해 가다 새롭게 생겨나는 환한 초록에 정신을 빼앗겼던 시간. 교실에서 배우는 산수 시간에는 1 더하기 1은 언제나 2가 되어야 했지만, 그 순간 초록 더하기 연두는 내 기분에 따라, 손의 힘에 따라, 햇빛의 양에 따라 다양한 결과가 나왔다. 틀릴 리가 없고 틀릴 수도 없는 그리기 시간이 행복했다. 나중에 담임선생님이 우연히 내 스케치북에 있는 선인장 그림을 보고 물어보기에 내가 그렸다고 했더니 "거짓말 마라." 했다. 2학년 때였다.

중학교 때는 내 수채화 그림이 있는 스케치북이 1반부터 13반까지 돌아다녔다. 학교 사생 대회 때 상으로 받은 공책과 물감은

꼭 듣고 싶은 말을 해 주는 사람이 있어서 다행이다

동생들까지 충분히 쓸 수 있는 많은 양이었다. 반대로 내 교과서, 참고서는 구석구석 낙서와 그림투성이여서 바로 아래 동생이 도저히 받아서 쓸 수 없다고 투덜거렸다.

학기 초가 되면 환경 미화 심사가 있었다. 나는 최선을 다해 맘껏 솜씨를 뽐내고 칭찬을 받았다. 고등학교에 오니 내가 좋아하는 미술 시간, 환경 미화 심사 같은 것들이 모두 다 사라졌다. 누가 하든지, 어떻게 하든지 상관없는 환경 미화에 매달리고 싶지 않았다.

공부 잘하는 것 말고는 그 무엇도 자랑이 안 되는 시절이었다. 공부 못하는 내가 환경 미화를 하겠다고 교실에 남아 칼질을 하는데 아무도 내게 관심을 주지 않았다. 심지어 영어과 담당이었던 담임선생님은 '넌 네 할 일은 다하고 거기 앉아 있냐?'는 눈으로 나를 바라보았다. 비참했다. 혹시 내가 화실이라도 다니는 미술대학 지망생이었다면 얘기는 달랐을 거다.

그때 우리 집은 밥만 먹고 살았다. 엄마는 내가 그림을 잘 그리고 좋아한다는 사실을 알았을까? 그렇다고 해도 우리 집 형편에서 내 운명은 달라지지 않았을 거다. 그림에 대한 욕망은 날마다 초라해지다가 아예 꼬리를 감추어 버렸다.

코 흘리며 따라다니던 내 아래 아래 남동생이 크면서 나처럼 그림 그리기를 좋아한다는 것을 알았다. 남동생이 하고 싶은 일이 분명해지고 마침 그것이 내가 하고 싶었던 일이라는 걸 알고 우리 둘은 자연스레 힘을 모았다. 그 아이는 열심히 그림을 그렸고, 나는 아르바이트를 해서 번 돈을 조금 쪼개어 동생 화실 수업료에 보탰다. 동생은 화실에서 청소하고 그림 그리고 스승님께 사랑받으며 그림 실력을 키웠다. 나는 늦은 밤 동생이 입고 들어오는 군복 같은 옷에서 나는 물감 냄새, 그 아이 가방에서 나오는 유화 나이프, 다른 농도의 미술 연필들을 바라보는 것만으로도 마음이 좋았다. 가끔 동생은 돌돌 말린 도화지를 펼쳐 며칠 동안 화실에서 공들인 석고 그림을 보여 주기도 했다.

그러나 그때 부모님은 "남자아이를 돈벌이 안 되는 미술을 시킨다."며 나를 원망했다. 남동생이 미술대학 입시에 한 번, 두 번 떨어지고 삼수생 처지로 지낸 1년은 두 남매 모두에게 경제적으로 심리적으로 참기 힘든 시절이었다. 동생이 힘든 삼수 생활 끝에 미술대학에 합격하던 날, 내 오랜 소원도 하나 이룬 것 같았다. 나와 남동생은 그때 부모가 나서 주지 않은 힘들고 보람 있는 일을 함께 이루어 냈다는 동지 의식 같은 것을 가지고 산다.

가족으로 만나 사는 사람들끼리 서로 맞지 않아 상처를 준다. 반대로 가족이기 때문에 기꺼이 시간과 마음을 나눈다. 형제가 많은 시절에는 부모 관심 밖에서 나와 남동생처럼 저희들끼리 쿵짝을 맞추어 놀다가 취미가 맞아 어떤 일을 해내기도 했다.

그림책 속 레이먼 역시 형과 동생에게 상처와 위로의 말을 번갈아 들으면서 자신이 좋아하는 그림 그리기를 더욱 분명히 한

 꼭 듣고 싶은 말을 해 주는 사람이 있어서 다행이다

다. 삶이 그런 거다. 삶은 사람들이 서로 관계하면서 살라고 한다. 가족이, 사람이 오랜 시간 같이 생활하다 보면 같은 것은 한순간이고, 오히려 서로 다른 점이 도드라져서 상처를 주지 않을 수가 없다. 사람 관계, 가족 관계에서 오는 상처와 위로를 번갈아 경험하되 그 안에 너무 오래 머물 필요는 없겠다. 상처를 받으면서도 포기하지 않아야 할 것이 있고, 위로와 칭찬을 받으면서도 포기해야 할 것들이 있다. 그걸 구별하는 게 또 삶이다.

엄마와 나를 잇는 끈 하나

『뒹굴뒹굴 총각이 꼰 새끼 서 발』 오호선 글 | 유승하 그림 | 길벗어린이

옛날에 옛날에 한 총각이 살았는데,
뒹굴뒹굴 밥을 먹고 뒹굴뒹굴 똥을 누고
뒹굴뒹굴 놀다가 뒹굴뒹굴 잠이 들었어요.
하루는 어머니가 지푸라기를 한 짐 갖고 와서 말했어요.
"뒹굴뒹굴하지만 말고 새끼라도 꼬아라!"

　다 큰 총각 아들이 날마다 하는 일 없이 내 눈앞에서 뒹굴거린 다면 나는 과연 며칠을 참고 봐줄 수 있을까? 요즘 아이들이라면 스마트폰이나 컴퓨터를 가지고 놀면서 빈둥거릴 것이 아닌가? 나라면 이틀을 넘기지 못할 것이다. 게으른 아들을 보다 못해 차라리 내가 집을 나가는 게 빠를 수도 있겠다.
　『뒹굴뒹굴 총각이 꼰 새끼 서 발』에 나오는 어머니도 나와 같

엄마와 나를 잇는 끈 하나

은 심정이다. 어머니는 답답한 마음을 쓸어내리면서 빈둥거리는 아들에게 일을 시킨다. 아들 앞에 지푸라기 한 짐을 내려놓으면서 새끼를 꼬라고 하지만 아들은 사흘 밤낮 동안 겨우 새끼 서 발을 꼰다. 어른 팔을 쫙 벌린 길이가 한 발이라고 하니, 총각이 꼰 새끼 서 발이 어느 만큼인지 상상이 간다. 이런 결과물을 보고 어머니는 화를 낸다. 어머니는 그 새끼 서 발을 주며 아들을 집에서 내쫓는다. 정작 아들은 밖으로 내쫓기면서도 어머니에게 웃으며 인사를 한다.

"어머니 어머니, 이다음에 만나요."

얼마 전 나는 혼자 친정집에 갔다. 친정 가까운 곳에서 볼일을 보고 나니 시간이 늦어 친정집에서 한 밤 자려고 마음먹었다. 저녁을 먹고 부모님과 나는 거실에 누워 텔레비전을 보다가 이야기를 나누다가 하며 시간을 보냈다. 갑자기 엄마가 장롱에서 무언가를 꺼내 온다. 몸이 많이 아픈 엄마는 느리게 걸어서 장롱으로 갔다가 다시 내 앞에까지 와 끙 하고 앉으며 금가락지 하나를 내놓는다.

40년도 훨씬 전에 내가 골목길에서 노란 사슬 하나를 주워 왔단다. 혹시 금일지도 모른다며 흙먼지가 잔뜩 낀 사슬을 엄마에게 건네주었단다. 알고 보니 그날 내가 주워 온 흙 묻은 사슬은

엄마랑 시장에 다녀오는 길입니다.
엄마는 무거운 보따리 같이 들고 가자면서
우산대에 보따리를 끼우셨습니다. 이때만 해도
엄마는 굽고 씩씩하셨네요.

세 돈이나 나가는 금줄이었다. 엄마는 40년 동안 금 세 돈을 내게 돌려주지 않은 게 내내 마음에 걸렸다고 했다. 그러면서 중간중간 '내가 죽으면'이라는 말을 넣었다. 그러니까 엄마는 지금 돌아가실 준비를 하는 건가? 나는 이런 분위기가 싫어 반지를 집어 손가락에 끼어 보며 엄마를 놀렸다.

"듣고 보니 이 반지는 분명히 내 거네, 엄마. 줄 거면 빨리 주지 왜 그동안 엄마가 가지고 있었어?"

내가 자라던 시대에 부모들은 아이를 많이 낳았다. 보통 아이를 네다섯 낳아 키웠고, 딸보다 아들을 훨씬 좋아했다. 굳이 그런 사실을 이렇게 글로 써 보는 것은 불과 50년 사이에 그 엄연한 생각들은 어디로 가고 완전히 반대로 바뀐 세상에 살고 있다는 게 믿어지지 않아서다.

나는 딸 많은 집 막내딸로 태어나 말이 많고 욕심이 많았다. 집에서 부모가 시키는 일을 할 때는 『뒹굴뒹굴 총각이 꼰 새끼서 발』에 나오는 총각처럼 게으르게 꾸물거리다가 친구를 만나러 간다든지, 학교에서 해 오라는 일을 할 때는 밤에 잠도 안 자고 악착을 떨었다. 엄마는 그런 나에게 애정을 주지 않았다. 나중에 중학교를 마치고 고등학교에 들어가 목돈 가져갈 일이 많아지면서 엄마랑 나는 사이가 더 벌어졌다. 엄마가 가지 말라는 대학, 우리 집 형편으로 가지 않았어야 하는 대학에 들어가면서부터 엄마와 나는 거의 남처럼, 남보다 못한 사이로 살았다.

대학을 졸업하고 엄마랑 한집에서 사는 일은 무엇보다 힘들었다. 엄마는 내가 어서 집을 나가 시집가 버리기를 바랐다. 나 역시 시집가는 날, 내가 살던 집을 떠난다는 것에 어떤 아쉬움도 없었다. 남들처럼 엄마가 사서 꿰매 준 이불, 엄마가 골라 준 그릇 하나 없이 결혼을 했지만 친정집에서 누리지 못하던 자유를 얻었다는 것이 마냥 좋았다.

엄마는 오늘 나에게 느닷없이 눈물을 보이며 그때 나를 시집보내면서 아무것도 안 해 주어 미안하다고 한다. 그러는 동안 '내가 죽으면'이랑 '내가 죽기 전에'라는 말이 엄마 입에서 열 번은 더 나온 것 같다.

엄마는 돌아가시기 전에 나에게 그때 못 해 준 이불을 해 준다면서 동네 시장 이불집에서 제일 좋은 이불 세트와 베개를 맞추어 놓았다고 했다. 나는 갑자기 엄마 마음에 공감해 주기가 싫어졌다. 결혼하면서 내가 집을 떠날 때 엄마가 내게 했던 서운한 말과 행동이 아직도 내 속에 아물지 않고 있는 건가? 뒤늦게 우리 집으로 보낸다는 이불은 내게 별로 필요치 않아 받고 싶지 않았다. 색깔도 완전 엄마 취향이다.

나는 지금 『뒹굴뒹굴 총각이 꼰 새끼 서 발』을 펴 놓고 호흡을 고르는 중이다. 총각은 집에서 내쫓기면서도 "어머니 어머니, 이 다음에 만나요."라고 말한다. 집을 나가는 총각 손에는 사흘 내

엄마와 나를 잇는 끈 하나

내 꼬아 만든 새끼 서 발뿐이다. 집을 나간 총각은 길에서 동이 장수를 만난다. 동이 장수가 새끼줄이 필요하다고 하여 총각은 새끼줄을 주고 동이를 얻는다. 동이를 들고 가던 총각은 이번에도 필요한 사람에게 동이를 주고 대신 쌀을 얻는다.

이처럼 총각은 만나는 사람들이 필요하다고 하면 그때마다 따지지 않고 가진 것을 줘 버린다. 집을 나가 사람을 만나고 관계 맺는 총각의 방식은 '이것도 좋고 저것도 좋은' 거다. 쌀 대신 죽은 나귀를 받고, 죽은 나귀 대신 죽은 색시를 얻는다. 큰기와집 딸이 잘못하여 죽은 색시를 우물에 빠뜨리는 바람에 이때부터 큰기와집 딸은 총각의 색시가 된다. 마지막에 총각은 색시와 재물을 얻어 다시 어머니가 있는 집으로 돌아온다.

나는 이 이야기에서 부모와 다 큰 자식 사이에 놓인 중요한 관계의 규칙을 깨닫는다. 이야기에서 어머니는 길 떠나는 아들에게 아무런 밑천을 보태 주지 않는다. 없으면 없는 대로 게으르면 게으른 대로 아들이 세끼 서 발을 가지고 집을 떠나게 내버려 둔다. 집을 나간 총각은 누구에게 묻지 않고 제 판단대로 주거니 받거니 하면서 갈 길을 간다.

그림책에 나오는 총각처럼 나도 없는 밑천으로 집을 나와 신랑이랑 살면서 아들딸 두 아이를 낳아 키웠다. 집을 얻고, 항아리 사고, 쌀을 채우며 지금 여기만큼 와 있는 거다. 결혼 생활을 하면서 한 푼 두 푼 모아 알뜰하게 살림을 불리려고 노력한 만큼 엄마를 원망하지 않으려고 마음공부를 많이 했다. 그렇지만 2남 4녀 자식들이 다 결혼하고 아롱이다롱이 손주들이 태어나는 것을 보면서 엄마는 손녀보다 손자를 대놓고 좋아하셨다. 내가 아무리 마음공부를 한다고 해도 친정집에만 다녀오면 기분이 엉망이 된 순간이 한두 번이 아니었다.

나는 지금 힘없는 엄마가 주겠다는 이불 세트를 놓고 또다시 옛날 묵은 감정으로 돌아가려 한다.
'그때 내가 얼마나 아팠는데 엄마는 지금 이렇게 뒤늦게 자기 마음을 풀려고 하는가?'
나도 어쩔 수가 없다. 아주 오래된 억울한 생각이 내 속에 올라올 때면 차라리 차분히 기다려 주는 게 낫다는 걸 언젠가부터 깨달았으니까. 나는 뒹굴뒹굴 총각 흉내를 내며 엄마에게 말씀드렸다.
"좋아요, 좋아요. 이불도 좋고 가락지도 좋아요. 엄마가 주는 이불 잘 덮을게요. 고마워요, 엄마."
오늘 엄마가 뒤늦게 애써서 마련한 이불과 내게 해 준 진솔한 말이 어색하고 불편했지만 한편으로는 엄마에게 진짜 따뜻한 마음 하나를 얻은 것처럼 좋았다.
앞으로 얼마 남지 않았다. 나 역시 딸아이를 시집보내는 날이 올 것이다. 지금껏 최선을 다하여 딸아이 아들아이 구별 없이 사

 엄마와 나를 잇는 끈 하나

랑하며 키웠다. 많이 사랑하며 키워 놓았으니 뒹굴뒹굴 총각 같은 긍정성으로 세상을 살아가기 바란다.

그림책에서 엄마는 아들에게 새끼줄을 주었다. 이 새끼줄은 엄마와 아들을 연결하는 끈이라는 생각이 번뜩 일어난다. 배 속에서부터 열 달 동안 엄마와 탯줄이라는 끈으로 이어져 있다가 세상에 나온 우리들이다. 사람마다 정도의 차이는 있지만 죽는 날까지 엄마와 연결된 끈은 질기게 연결되어 있다. 우리 모두 엄마가 준 그 질긴 끈을 밑천으로 사람 만나고 항아리 얻고, 쌀 채우며 뒹굴뒹굴 사는 거다. 그런 거다.

03
몸이 말을 걸어올 때

그럴 만했더라고요.
병에 안 걸렸더라면 절대로 내려놓지 않을 고집을
내가 움켜쥐고 살았더라고요.
병을 치료하는 동안 고민했던 수많은 시간들,
만났던 사람들, 거기서 오는 소박한 깨달음들이
지금까지도 내 삶을 축복하고 있습니다.

화를 만나기 위해
때때로 집을 나간다

『소피가 화나면, 정말 정말 화나면』 몰리 뱅 글·그림 | 박수현 옮김 | 책읽는곰

그림책 표지에는 소피의 화난 얼굴만 가득하다. 이 아이는 화가 났다. 정말로 화가 많이 났다. 이런 얼굴을 하고 있는 아이는 얼마 동안 그냥 놔두어야 한다. 섣불리 말을 건다거나 위로하려 했다가 일이 더 커지기 쉽다. 소피는 작은 입을 꼭 오므렸다. 세상 어느 누구와도 지금은 말하기 싫은 거다. 소피 눈은 무엇인가를 보고 있지만 뚜렷한 초점은 없다. 지금 소피에게는 들고 나는 격한 숨만 느껴질 뿐이다.

소피가 화가 난 이유는 알고 보면 별것 아니다. 소피가 고릴라 인형을 가지고 재미있게 놀고 있을 때 언니가 나타나 인형을 빼앗으려 한다. 여기까지는 하루 열두 번도 더 생길 수 있는 아이들 흔한 싸움이다.

"이제 언니 차례다, 소피."

소피 엄마가 이렇게 말하는 순간 인형은 언니에게 넘어간다. 화가 난 소피는 하필이면 장난감 트럭에 걸려 넘어진다. 엎친 데 또 덮쳤다. 이 화를 어떻게 풀 것인가? 세상이 끝난 것 같은 이 절망감을 어찌할 것인가? 소피는 폭발 직전의 마음을 가지고 집을 나간다.

"집을 나간다."

언제부턴가 이 말이 나한테 익숙하다. 원래 나는 화가 나면 바로 화를 내거나 화가 난 이유를 다 말했다. 급할 땐 소리 지르기도 했다. 친구들과 얘기하고 술도 조금씩 먹고 노래 부르다 보면 화는 다 풀리고 기분이 더 좋아지기도 했다.

그런데 그만 병이 들었다. 병이 들었기 때문에 더는 화내지 말고, 소리 지르지 말고, 또 절대로 술을 먹지 말아야 한다. 마치 그동안 내가 화를 참지 못하여, 좋은 생각을 못하여 병이 걸렸다는 듯이 사람들은 나더러 좋은 생각만 하란다. 처음에는 나도 그렇게 해 보려고 노력했다. 그런데 나 혼자 깊은 산에 들어가서 병을 치료하는 것도 아니고, 식구들이 그대로 있는 집에서 오직 나만 달라지기는 어려웠다.

평소 집안일을 도맡아 할 때는 일이 많아 투덜거렸는데, 그 일을 하지 말라고 하니 마치 내 귀한 것을 빼앗긴 것처럼 아쉬웠다. 여태 내가 하던 일을 안 하고 지켜보는 것도 어렵지만, 그 일을 하느라 서툰 식구들이 서로 싸우는 것을 보는 게 더 힘들었다. 그러니까 눈앞에서 화나는 일은 더 생겨나는데 화내지 말고, 속상해 하지 말아야 하는 것이다. 그럴 때 나는 할 수 없이 집을 나간다. 그림책에서 화가 난 소피가 걸어가듯이 나도 집을 나가 산으로 간다.

그날 일요일 아침에 부엌에서 설거지를 놓고 남편과 딸은 서로 싸우고 있었다. 남편은 언제나 딸에게 "엄마가 아프니까 네가 도

화를 만나기 위해 때때로 집을 나간다

와야 한다."는 말로 시작한다. 나는 솔직히 고등학교 2학년 딸을 공부하게 내버려 두고 남편이 조용히 집안일들을 하기 바랐으나 남편은 그렇게 하지 않았다. 집에 와서 저녁밥을 잘 차리다가도 딸이 들어오면 그때부터 이것저것 일을 넘긴다. 딸 또한 그런 아빠에게 하는 말과 행동이 곱지 않다. 문밖에서 부녀가 싸우는 소리를 듣고 있다 보면 내 심장이 점점 조여 온다.

집을 나와 내가 잘 가는 구름산에 도착하니 하필 산에 비가 내리고 있었다. 사람들은 서둘러 비 오는 산에서 내려오고 있었지만, 나는 돌아서 집에 가야 한다고 생각하니 싫었다.

'집에 가기 싫다. 집에 안 갈 거다. 집에 가나 봐라.'

구름산에 가면 꼭 앉았다 오는 그 바위를 꼭 보고 싶다. 오늘같이 비가 오는 날은 산에 오르는 일이 무리지만, 내 마음은 벌써 그곳을 향해 오르고 있었다. 산을 오르며 나는 울었다. 우산이 우는 얼굴을 가려 주고, 빗소리가 우는 소리를 숨겨 준 덕분에 나는 아주 후련하게 답답한 가슴을 비워 냈다. 어느새 좋아하는 바위가 내 앞에 놓여 있었다. 나는 거기다 배낭을 올려놓고 앉았다.

병에 걸린 나에게 사람들은 이구동성으로 긍정적 사고를 가지라고 했다. 긍정적 사고가 뭘까? 그게 그렇게 좋은 건가? 정말 그렇게 좋은 건가? 저희들은 여전히 무뚝뚝하고, 치사하고, 무심하면서 나한테는 긍정적 사고를 가지라 한다. 서로 밥을 차리라고, 빈 그릇을 치우라고, 쓰레기를 갖다 버리라고, 화분에 물을 주라고 미루고 싸운다. 서로 엄마를 도와주라고 소리를 지른다. 누가 나를 도우라 했던가? 뭘 도와주겠다는 건가? 덧없다. 덧없고 지친다. 집에 있기 싫다.

지금 내가 있는 곳이 산이어서 얼마나 다행인지 모른다. 갑자기 산이 조용하다. 비가 잠시 그쳤나 보다. 산에 나 말고 아무도 없다. 산이 이렇게 고요할 수가 있는 거구나. 그렇다고 소리가 없는 건 아니다. 나뭇잎이 바람을 맞으면 그 위에 앉았던 빗물이 파도타기 하듯이 후드득 소리를 내며 옆에 있는 나무에게로 옮겨간다. 다람쥐 한 마리가 저만치서 나를 보는 건가? 살금살금 가방을 열어 보니 신문이랑 볼펜이 있다. 신문 여백에다 다람쥐를 그린다. 미처 다 그리지 못했는데 그만 다람쥐가 쏙 사라진다. 할 수 없이 그림 그리기를 접고 글을 썼다. 좀 전까지 원망스럽던 가족들 얼굴이 차례대로 떠올랐다. 그들은 나 때문에 바뀐 생활에 적응하고 노력하고 애쓰고 있었다. 남편이나 딸이나 그동안 안 해 본 집안일을 하느라 서툴고 힘들 수도 있겠다. 언젠가 친구가 우리 집에 와서 남편과 아이들이 이것저것 집안일 하는 것을 보더니 말했다.

"환자를 보살피는 가족들도 위로와 휴식이 필요하다."

나는 내가 걸린 병이 두려워서, 병든 내 처지를 원망하느라 가족을 돌아볼 생각을 미처 못 하고 지냈다. 남편과 아이들에게 미안하고 고마워서 또 한 번 울었다. 사람 마음이 뭐 이렇게 빨리

화를 만나기 위해 때때로 집을 나간다

미술관 베란다에 나와
오래오래 서 있는 여인의 뒷모습을
그렸다. 한참 동안 그렇게 서서
피를 내려놓는 거라고 나 혼자
생각했다.

바뀌는 건가? 춥다. 이제 산을 내려가야 할 때인가 보다. 조심조심 미끄러운 산길을 내려왔다.

『소피가 화나면, 정말 정말 화나면』에서 머리를 떨구고 산을 오르던 소피를 생각했다. 그 아이는 커다란 나무 위에 앉아 바람을 맞으며 화를 날려 보냈다.

이제 소피는 바위를, 나무를,
그리고 고사리를 봐요.
지저귀는 새소리를 들어요.

그러고는 늙은 너도밤나무를 찾아가
나무 위로 올라가요.
소피는 머릿결을 어루만지는 산들바람을 느껴요.
일렁이는 물결을 바라봐요.

'자연이 이렇게 아이를 위로할 수 있는 거구나.'
　그림책을 보면서 신기하다고 생각했다. 고개를 푹 숙이고 화가 잔뜩 나서 밖으로 뛰쳐나간 아이가 어떻게 이렇게 생생하고 밝아져서 돌아올 수 있을까? 믿어지지 않았다. 그러나 내가 소피처럼 산에 올라 나무, 다람쥐, 빗물, 바람을 만나고 나니 이제야 알겠다.

화를 만나기 위해 때때로 집을 나간다

부모 대상으로 강의를 할 때 이 그림책을 읽어 주면 어떤 엄마는 아이가 실제로 화나는 일이 생겼을 때 그림책에 나오는 소피처럼 물건을 던지고 부숴 버릴까 봐 걱정이라고 말한다. 그렇게 말하는 엄마는 좀 전에 내가 그림책을 읽어 줄 때 본인이 느꼈던 시원한 마음을 어느새 잊어버린 거다. 우리가 언제까지 아이들에게 착하게 살라고만 말할 수 있을까? 사람은 누구나 물건을 깨 버리고 싶은 충동이 마음속에서 일어날 수 있다는 것과 그걸 어떻게 풀어 가고 위로받을 수 있는지 이 그림책은 잘 보여 주고 있다.

아이들이 어떤 이유로든지 자기 바람이나 욕구가 채워지지 않아 화를 낼 때, "엄마랑 얘기 좀 해 보자." 하고 불러 앉히기보다는 그냥 가만 내버려 두는 게 훨씬 낫다. 무례하게 문을 "꽝!" 닫고 나간 아이를 다시 불러 "너 지금 누구 들으라고 문을 그렇게 닫는 거야?" 하고 몰아세우는 일은 없었으면 좋겠다.

밖에 나간 아이가 땅에 쪼그리고 앉아 기어가는 개미를 따라갈 수도 있고, 놀이터 그네에 올라타 화를 삭이며 바람을 느낄 수도 있다. 아이들은 어른들보다 훨씬 빨리 지나간 일을 잊는다. 이 그림책을 잘 들여다보면 밖에 나갔다 온 소피에게 어른들은 어떤 것도 묻지 않는다. 아빠는 열심히 집 안을 청소하고 엄마는 자기 일을 하느라 소피가 들어온 것도 못 본다. 동생 소피와 고릴라 인형을 서로 갖겠다고 싸우던 언니는 지금 다른 장난감을 가지고 놀고 있다. 이제 이 식구들은 둘러앉아 맛있는 것을 먹을 것이다.

  시골은 물론 우리나라 도시 어디에서도 조금만 노력하면 찾아가 앉았다 올 수 있는 산이 많다. 산은 언제나 거기 있으니 또 화가 나면 그곳에 가서 화를 만나고, 내려놓고 와야겠다.

슬프고 또 좋은 딸

『**딸은 좋다**』 채인선 글 | 김은정 그림 | 한울림어린이

제목이 '딸은 좋다'란다. 표지를 넘기기 전에 자신이 누군가의 딸이거나, 또는 딸을 키우는 엄마라면 스스로에게 물어보자. 딸이 있어 무엇이 좋은가? 딸을 키우는 내 경험으로는 딸이 태어나면서부터 지금까지 함께 이야기를 나눈 시간들이 제일 좋았다.

돌이 지나 입이 열리면서부터 "왜?"라는 말을 달고 살았던 딸 덕분에 나는 부지런히 대답을 해 주면서 내가 뭘 모르는지, 또 뭘 아는지를 새롭게 알았다. 딸에게 그림책을 읽어 주다가 함께 새로운 이야기를 만들기도 했다. 딸에게 그림책을 읽어 주다가 나는 그림책 세상을 알고 좋아하게 되었고, 이야기가 주는 엄청난 에너지를 경험했다. 그 딸이 지금 스물두 살이 되어 나와 함께 식탁에 앉아 세상 얘기, 사람 얘기, 영화 본 얘기 들을 나눈다. 분명 네 식구가 함께 밥을 먹기 시작했는데 남편과 아들은 어디로 가

고 딸과 나만 식탁에 앉아 길게 길게 이야기를 나눈다.

  딸을 키우면서 나는 다시 한 번 어린 여자아이로 태어나 자랐다. 소꿉놀이를 하고, 치마 입고, 머리 기르고, 학교에 다녔다. 내가 어린 시절 무척 좋아했으나 실컷 해 보지 못한 것들이다. 그러면서 여자아이가 느끼는 기쁨, 소망, 위로, 사랑, 미움, 질투 같은 다양한 감정들을 다시 한 번씩 만나 겪었다. 앞으로 딸은 학교를 졸업하여 사회에 나가고, 연애를 하고, 결혼도 하고, 그리고 아이 엄마가 되는 경험을 할 것이다. 그런 일들 가운데 어디까지 내가 함께할 수 있을지 모르겠지만 딸에게 엄마가 필요한 시간이 온다면 언제든 달려가 곁에 있어 주고 싶은 마음이다.

  『딸은 좋다』는 딸이 태어나고 자라서 결혼하고 다시 엄마가 되는 평범한 이야기를 다루고 있다. 이 그림책처럼 평범한 이야기를 사람들이 좋아하는 이유는, 그 평범한 과정 속에 우리가 겪은 과거의 시간과 또 우리가 겪고 싶은 미래 소망이 모두 담겨 있기 때문이다.

"딸 낳으면 비행기 타고
아들 낳으면 기차 탄다는데
딸 낳아 좋겠네."

그림책에 나오는 엄마는 딸을 낳고 이런 말을 듣는다. 딸 옷은 예쁜 것이 많고, 바지도 입히고 치마도 입힐 수 있어서, 딸이 동생에게 작은 엄마 노릇을 해 주어서, 아버지를 어떻게 즐겁게 하는지를 알고 있어서 딸이 좋다고 한다. 딸은 엄마 뒤를 졸졸 따라다니며 "내가 해 줄게요." 한다. 엄마랑 같이 목욕탕에 가서 엄마 등을 밀어 준다. 엄마한테 괜히 화를 내고는 한순간도 못 되어 "엄마, 미안해요." 하고 쪽지를 써 보낸다.

딸이 결혼하는 날, 웨딩드레스 입은 선녀 같은 딸을 보며 엄마는 눈물을 흘린다. 딸은 이제 아기 엄마가 될 거다. 아기를 낳아 엄마가 된 딸, 작가는 그림책에 나오는 엄마의 목소리를 빌어 "그 딸이 정말 좋다."라고 말한다.

엄마의 딸로 태어나 살아왔고, 또 결혼하여 아이들을 낳아 누구누구의 엄마로 살고 있는 나와 내 친구들 이야기를 해야겠다. 나와 친구 네 명은 영화 '써니'에 나오는 주인공들처럼 중학교 때부터 껌처럼 붙어 다녔다. 그 뒤로 40년 가까운 세월 동안 우리들은 각자의 운명을 감당하며 열심히 살았다. 우리들도 그림책에서 나오는 것처럼 엄마에게 좋은 딸이 되고 싶었다. 그러나 인생이 어디 그리 만만한가 말이다.

친구 넷 중 윤선이는 시집가 멀리 외국에서 살고 있다. 그 윤선이가 병을 얻어 한국으로 한방 치료를 받으러 온다는 연락을 받고 우리들은 급하게 윤선이네 친정집에 모였다. 긴 비행 시간 때문에 몸이 더 지쳐 있는 윤선이는 엄마 혼자 사는 집 안방에 길게 누워 있었다. 윤선이네 친정집 가구, 살림살이들이 옛날 우리가 중학교 때 드나들던 옛날 그 집의 냄새를 간직하고 있어 나는 신기하고 반가웠다. 나이 든 엄마의 살림살이들이 어찌나 알뜰하고 정갈한지 또 한 번 놀랐다. 좁은 부엌을 꽉 채우고 있는 약탕기들, 부뚜막 선반 위에 있는 약재료들은 아파 누워 있는 딸을 어서서 깨끗이 낫게 하고픈 엄마의 간절함을 담고 있는 듯 보였다.

우리는 윤선이를 가운데 눕혀 놓고 빙 둘러앉아 그동안의 소식, 그동안의 걱정을 나누었다. 그러는 동안 엄마는 모처럼 당신 곁으로 와 쉬고 있는 딸과 딸의 오랜 친구들을 위해 소리 없이 혼자 저녁밥을 준비했다. 애써 밝은 얼굴을 하고 있는 친구 어머니를 위해 우리도 중학교 시절 어린 딸들로 돌아가 수다를 떨고 큰 소리로 웃으며 맛나게 저녁을 먹었다.

나는 선물로 가져간 그림책 『딸은 좋다』를 차마 꺼내 놓지 못했다. 그 순간 우리는 아무래도 '좋은 딸'이 아니었다. 그림책을 꺼내 놓으면 우리 중 누가 먼저라도 울어 버릴 것 같아 그렇게 하지 않았다. 밤이 되어 우리 셋은 무거운 마음으로 윤선이네 집을 나왔고 나는 누워 있는 윤선이 머리맡에 『딸은 좋다』를 놓고 조용히 일어났다.

슬프고 또 좋은 딸

『딸은 좋다』에서 결혼식을 올리는 날에 웨딩드레스 입은 딸이 엄마에게 이렇게 말한다.

"시집가면 엄마한테 더 잘해 드릴게요."

엄마를 생각하는 딸의 참 좋은 마음이다. 윤선이와 나는 엄마에게 잘해 드리기는커녕 제 몸 하나 제대로 건사를 못해 엄마 마음을 아프게 하고 있는 처지이다.

딸이 엄마에게 더 잘해 드린다는 게 뭐 별거인가? 엄마를 모시고 다니며 좋아하는 가벼운 옷 사 드리고, 맛있는 거 같이 먹고, 시원한 수목원이라도 가서 엄마가 좋아하는 꽃이라도 실컷 보여 드릴 수 있다면 정말 좋을 것이다. 그래 맞다. 그렇게 하는 게 정말 잘해 드리는 거다.

우리 껌딱지 친구들이 윤선이네 집을 다녀오고 바로 다음 날 윤선이에게서 문자가 왔다. 아침 일찍 윤선이는 엄마와 함께 한강변을 산책했다고 했다. 걷다가 아침 햇살을 받아 반짝이는 강비늘이 좋아 둘은 걸음을 멈추고 한참을 서 있었단다. 그러다가 여든이 다 된 엄마는 아픈 딸을 향해 몸을 돌리더니 갑자기 큰 소리로 울었단다. 딸과 엄마, 엄마와 딸, 둘은 그만 부둥켜안고 한참을 울었고 덩치 커다란 딸의 등을 쓸어내리던 엄마는 딸에게 같은 말씀만 반복했단다.

"미안하다."
"미안하다."

잘해 드리지 못해 미안한 건 딸인데 오히려 엄마가 딸에게 미안하다 하신다. 지친 삶의 끝에 계신 엄마에게 미안하다는 소리를 들어야 하는 딸, 윤선이와 나는 지금 그리 좋은 딸이 아닌 것 같아 마음이 아프다.

슬프고 또 좋은 딸

마음의 소리를 발견한
수요일의 여자들

『나, 화가가 되고 싶어!』 윤여림 글 | 정현지 그림 | 웅진주니어

    수요일은 화실에 가는 날이다. 이날은 가능하면 다른 일을 만들지 않고 미술 도구들을 챙겨 화실로 간다. 오전에 그림을 그리고, 준비해 간 도시락을 사람들과 나누어 먹고 나서 집에 가기 전까지 다시 그림을 그린다. 나처럼 수요일에 다른 일 제쳐 놓고 화실에 오는 사람들은 40대부터 60대까지 골고루 섞여 있다. 이들은 화실에 머무는 동안 나이를 잊고 서로 친구가 된다. 어릴 때부터 그림을 좋아했으나 각자 사정 때문에 꿈을 이루지 못했다는 공통점이 있다. 그래서 화실에서 우리들을 지도하는 선생님을 빼고는 미술을 전공한 사람이 없다.
    어찌 된 일인지 수요일 화실에 오는 여자들은 하나같이 과거에 중한 병을 겪었다. 그중에는 지금까지 암 후유증에서 자유롭

지 못한 사람도 있다. 그래도 병을 겪은 사람들끼리 할 수 있는 깊고 솔직한 이야기가 이곳에서 비교적 유쾌하게 오고 간다. 큰 병을 겪은 사람들은 병을 치료하면서 '혹시 죽을지도 모른다'는 생각을 한다. 혹시 죽을지도 모르니까 몸에 좋은 것을 잘 챙겨 먹고 건강해야 한다고 말하는 이가 있고, 혹시 죽을지도 모르니까 진짜 하고 싶은 일을 해야 한다고 말하는 이가 있다. 어느 쪽도 틀리지 않다. 양쪽 모두 삶에서 중요한 것을 알게 해 준 큰 병에 고마워하고 있다.

수요일 화실 여자들은 힘든 병을 겪으면서 '그림을 그리고 싶다'는 마음의 소리를 발견한 사람들이다. 그러나 주부가 뒤늦게 꿈을 찾아 그림을 그리는 일은 여전히 만만치 않다. 뒤늦게 그림을 시작했다는 아쉬움에 남들보다 더 열심히, 더 많은 시간을 몰입하고 싶어 하지만, 그림을 시작할 때 누구보다 나서서 응원을 해 주던 가족들이 어느새 점점 본심을 드러내기 시작한다.

"당신 그림 그리는 것을 뭐라 하는 게 아니라 밥은 먹을 수 있게 해 놓고 그림을 그리라는 거지."

"엄마, 우리 집 냉장고는 열어 보나 마나야. 맨날 똑같아."

이런 말들이 상황에 따라서는 비수가 되어 가슴에 꽂힐 때가 있다. 살림과 그림을 균형 있게 할 수 있는 성격이었다면 그림을 시작하지도 못했을 것이다. 욕망을 쫓아가는 사람에게 균형과 조화를 생각하라니 그게 다 뭐람? 그러나 그런 문제들을 놓고 식구

마음의 소리를 발견한 수요일의 여자들

들과 속 시끄럽게 따지는 시간조차 아껴야 한다. 나는 가능하면 화실에서 그림을 그리다 온 날은 식구들 저녁 준비에 마음을 더 쓰려고 노력한다.

치사하다가 고맙고, 고맙다가 다시 서운한 게 바로 가족이다. 가족이 뭐라고 하든지 중요한 것은 내가 무엇을 욕망하는지를 잘 기억하는 거다. 이런저런 이유로 흔들리고 좌절할 때 혼자서 그것들을 이겨 내기는 역부족이다. 같은 길을 가는 친구들이 있는 화실에 가서 이야기를 풀어 놓으면 분명히 힘을 얻게 되어 있다.

『나, 화가가 되고 싶어!』는 화가 윤석남의 이야기다. 윤석남은 우리 수요일 화실 여자들처럼 늦게 그림을 시작하여 화가가 되었다. 어릴 적부터 그림 그리기와 글쓰기를 좋아한다는 것은 알고 있었으나 그것만으로 꿈을 찾아 이룰 수 없는 어려운 시대를 살았다. 윤석남은 보통 여자들처럼 결혼을 하면서 아내, 엄마, 며느리로 살며 결혼 생활을 잘해 나갔다. 그 안정된 결혼 생활 중에 다른 생각이 비집고 들어오기 시작했다.

나는 아내가 되고 며느리가 되었어요.

밥하고 청소하고 빨래하고,
밥하고 청소하고 빨래하고.

나는 딸을 낳고 엄마가 되었어요.

밥하고 청소하고 빨래하고 아기 돌보고,
밥하고 청소하고 빨래하고 아기 돌보고.

윤석남이 낳은 딸은 점점 커지는데, 반대로 엄마 윤석남은 자꾸 작아지는 느낌이 들었다. 그러나 부족한 것 없는 결혼 생활을 하면서 왜 그런 생각에 빠지는지를 알지 못했다. 윤석남은 외롭다가 고민하다가 결국 마음속 소리를 만난다.
"그림을 그리고 싶다."

2015년 여름 서울 시립 미술관 1층에서 화가 윤석남 전시회가 있었다. 나는 전시가 열리는 기간 동안 시청 가는 길에, 광화문 나가는 길에 일부러 시립 미술관에 들러 여러 번 전시를 보았다. 윤석남은 마흔 살에 "나 그림을 그릴 테야." 하고 선언하고부터 37년 동안 쉬지 않고 작품 활동을 했다. 그의 작품은 연필 드로잉부터 유화, 조각, 설치 영역을 모두 아우르고 있었다. 윤석남은 어머니의 고단한 삶과 커다란 모성을 수많은 작품에 담아냈다. 그림을 시작하기 전 결혼 생활에서 느낀 답답함을 표현한 설치 작품도 여럿 있었다. 그날 서울 시립 미술관에는 제주 김만덕, 조선의 여류 시인 허난설헌, 조선의 기생이자 시인 이매창이 핑크

마음의 소리를 발견한 수요일의 여자들

색 심장을 품고 든든하게 서 있었다. 그분들은 하나같이 한쪽 팔을 길게 뻗어 우리를 향해 손을 내밀고 있었다. 역사의 시간을 뛰어넘어 지금 우리 앞에 품 넓은 어머니로 서서 연꽃을 건네며, 소리 나는 종을 건네며 '꿈을 따라가라'고 말하는 듯했다.

나는 윤석남 전시회에 갈 때마다 연필 그림 앞에 한참을 서 있었다. 윤석남의 일기를 몰래 보듯이, 윤석남의 마음에 초대를 받아 함께 이야기를 나누듯이 오래오래 서 있었다. 전시장을 들어갈 때부터, 다 보고 나올 때까지 내 마음은 하나였다.

'나도 윤석남처럼 열심히 그리고 싶다.'

수요일에 화실에 오는 여자들은 나름 고통을 각오하고 그림을 그린다. 붓을 들고 그림을 그리는 순간부터 고통은 시작된다. 그림이 잘되면 지금보다 더 열정적으로 좋은 작품을 만들어야 한다는 생각에, 반대로 그림이 잘 그려지지 않으면 능력의 한계와 게으른 스스로를 솔직히 돌아보아야 한다는 생각에 괴롭다.

어느 날은 그림을 그리다가 화실 친구들과 선생님 앞에서 이런 말을 했다.

"난 그냥 그릴 거야. 뭐가 되려고 그리는 게 아니라 그냥 좋아서 하는 거야. 그러니까 나한테 지금보다 더 잘 그리라고 말하지 마세요!"

생각만큼 그림이 잘되지 않아 혼자 어깃장을 놓는 거다. 내가 좋아 시작한 일이니 원망할 대상을 찾을 길이 없을 때, 가르쳐 주는 선생님 앞에서 어리석은 투정을 부린다.

 유화 그리기가 어려울 때 나는 마음을 가라앉히기 위해 연필로 간단한 그림을 그린다. 흔히 연필 드로잉이라고 하는데, 윤석남 전시회에서도 그가 스케치북에 그린 연필 드로잉이 전시장 한쪽 벽을 가득 채우고 있었다. 그 많은 그림들 중에서 몇 장이 내 눈에 띄었다. 한 여자가 공중그네 위에 웅크리고 앉아 한쪽 다리를 떨어뜨리고, 다른 한쪽 다리는 치마 속에 감추고 있는 그림이었다. 그네 위에 앉아 땅에 발을 딛지 못하는 여자는 다름 아닌 화가 윤석남이다.

 뒤늦게 그림을 시작한 윤석남도 그림 때문에 겪는 어려움, 고통의 시간이 있었던 거다. 그 시간 동안 나처럼 어깃장을 놓는 대신, 마음속으로 들어가 더 많은 연필 그림을 그렸나 보다. 결국 윤석남은 그네 위에 앉아 웅크리고 있던 두 다리를 뻗어 땅에 내디뎠다. 흔들림 없이 든든하게 두 발로 당당하게 서 있는 조선의 여인들과 어머니 작품들은 윤석남이 그런 시간을 잘 견디고 탄생시킨 작품들이다. 『나, 화가가 되고 싶어!』에서 그날 전시장에서 보았던 윤석남의 작품들을 다시 볼 수 있어 좋았다. 돌아오는 수요일에 화실 친구들에게 이 그림책을 가져가 보여 주어야겠다.

마음의 소리를 발견한 수요일의 여자들

다섯 살 아이처럼 살기

•

『하지만 하지만 할머니』 사노 요코 글·그림 | 정근 옮김 | 사파리

•

『하지만 하지만 할머니』를 쓴 작가 사노 요코는 2010년 여름에 세상을 떠났다. 일흔두 살까지 살았다. 일본에서 일흔두 살은 세상을 떠나기에 좀 이른 나이다. 이분이 누구인가?

사노 요코는 그림책 『100만 번 산 고양이』를 쓰고 그린 작가이다. 이 그림책에 나오는 얼룩 고양이는 온전히 나의 고양이로 살기까지는 그 무엇도 아니라고 말한다. 누구의 고양이로 사는 건 지루하고 의미 없기 때문에 그렇게 살다가 죽으면, 죽는 것조차 슬프지 않다고 말하는 당돌한 고양이다. 그러다가 얼룩 고양이는 비로소 자신의 고양이로 태어나고 흰 고양이를 만나 처음으로 사랑을 한다. 세월이 흘러 흰 고양이가 죽자 얼룩 고양이는 그 옆에서 백만 번을 울고 난 뒤 따라 죽는다. 그 후 얼룩 고양이는 다시 태어나지 않는다. 사랑하는 흰 고양이가 죽는 순간 얼룩 고양이

가 애통하여 온몸으로 슬퍼하는 장면이 이 그림책의 명장면이다.

사노 요코가 죽기 전에 쓴 책 『사는 게 뭐라고』와 『죽는 게 뭐라고』를 보면, 이 작가가 어떤 사람이었는지 짐작할 수 있다. 제목에서부터 그가 쓴 그림책 주인공 얼룩 고양이 같은 당돌한 분위기가 느껴진다.

사노 요코는 암이 재발했다는 소리를 듣고부터 어떻게라도 병을 고쳐 보려고 노력하기보다는 마음이 시키는 대로 자유롭게 살았다. 그동안 쳐다보기만 하던 외제 자동차를 사서 끌고 다니고, 가게에 들어가 예쁜 치마를 사기도 하고, 하루 종일 누워 뒹굴며 좋아하는 비디오와 텔레비전 드라마를 보았다. 피우던 담배를 끊지 않았고, 항암제를 맞으러 병원에 가는 길에 미남 의사를 만날 생각에 신이 난다고 했다. 그러고는 이제 돈을 다 썼기 때문에, 더 살아도 걱정이라 말하던 사노 요코는 지금 세상에 없다.

『하지만 하지만 할머니』에 나오는 할머니는 아흔여덟 살이다. 다섯 살 고양이와 단 둘이 산다. 다섯 살 고양이는 고기를 잡으러 냇가에 가는 길에 할머니더러 같이 가자고 한다. 그러자 할머니가 말한다.

"하지만 난 아흔여덟 살인걸. 이렇게 늙은 할머니가 낚시를 하면 사람들이 웃을 거야!"

다섯 살 아이처럼 살기

이 문장을 보면서 나는 쉽게 생각했다.

'이 나이가 되어도 남의 눈을 의식하며 사는구나. 이 할머니는 낚시는 가고 싶지만 남 탓을 하면서 가지 않는군. 그냥 가면 되는 거 아냐?'

이렇게 생각하기가 무섭게 여든 살 엄마와 아흔 살 시어머니가 떠오르면서 나는 아차 싶었다. 아흔여덟 늙은 할머니가 낚시를 하고 싶다고 그냥 할 수 있는가 하면 그렇지가 않다. 나이 많은 할머니가 불편하고 느린 걸음으로 양동이와 낚싯대를 들고 시냇가까지 가려고 하면 사람들은 웃기만 할까? 가다가 할머니가 넘어지기라도 하면? 넘어져 뼈라도 다쳐 누군가의 도움을 받아야 할 상황이라면?

"그러게. 할머니가 그 나이에 무슨 낚시를 한다고 그래요? 가만히 있는 게 도와주는 거예요."

이런 말로 할머니를 타이르는 사람이 꼭 있을 것이다. 나이 든 노인이 남 눈치 안 보고 하고 싶은 일을 하며 산다는 것이 생각보다 쉽지 않은 문제다. 엄마가 지팡이를 짚어야 걸을 수 있게 되었을 때, 엄마는 '남 보기 흉하다'고 바깥출입을 훨씬 삼갔다. 이 핑계 저 핑계를 대며 지팡이를 가지고 밖에 나가지 않고, 걷기를 줄이면서 엄마는 점점 더 다리 힘이 약해졌다.

『하지만 하지만 할머니』에 나오는 할머니 역시 이런저런 이유와 핑계를 대며 물고기를 잡으러 가지 않는다. 그러나 다섯 살 고양이가 잡아 오는 물고기를 보며 할머니는 '헤엄쳐서 잡았을까? 어느 냇가에서 잡았을까?' 궁금하여 이것저것 물어본다. 그렇게 궁금해할 뿐, 여전히 할머니는 낚시하러 갈 용기를 내지 못한다.

 오늘 할머니는 생일을 맞아 케이크를 만들고, 고양이에게 심부름을 시킨다.

"케이크에 꽂을 초를 사 오렴, 99자루야.
생일날 초를 세 보지 않으면 영 생일 기분이 나지 않거든."

 이건 무슨 뜻일까? 할머니는 어떤 마음인 걸까? 우리 엄마는 언제부턴가 생일 케이크 위에다 엄마 나이대로 초를 꽂지 못하게 했다. 엄마는 싫다고, 그게 뭐 자랑이라고 나이 수대로 초를 꽂느냐고 했다. 그림책 속 하지만 할머니는 낚시하러 갈 용기는 없지만 아직까지 자기 생일을 축하하기 위해 케이크를 손수 만들 수 있다. 게다가 생일에만 쓰는 식탁보를 깔 수 있는 여유와 멋이 남아 있다.

 그런데 하필이면 고양이가 케이크에 꽂을 초 아흔아홉 개를 사 가지고 오다가 냇물에 빠지고 말았다. 그 바람에 초가 다섯 개만 남았다. 할머니는 그래서 다섯 개의 초를 켜고 생일 축하를 하고, '할 수 없이' 다섯 살이 되었다.

 할머니는 이제부터 다섯 살이기 때문에 냇가로 고기를 잡으러

다섯 살 아이처럼 살기

갈 수 있게 되었다. 다섯 살은 다른 사람들이 쳐다보고 웃을까 봐 걱정을 하지 않아도 되는 나이이다. 다섯 살이 된 할머니는 들판을 걸어 나가 꽃들을 보며, 냇물을 폴짝 건너뛰면서, 고기를 잡으면서 그때마다 감탄한다.

"5살이 되니 나비가 된 거 같아!"
"5살이 되니 새가 된 거 같아!"
"5살이 되니 물고기가 된 거 같아!"
"5살이 되니 고양이가 된 거 같아!"

"야옹아, 내가 왜 이제야 5살이 되었나 모르겠구나.
내년 생일에도 초를 꼭 다섯 개 사렴."

할머니가 바라는 숫자 5는 곧 할머니가 살고 싶은 나이다. 할머니는 날마다 씩씩하게 고기를 잡아 오는 다섯 살 고양이가 부러웠던 거다. 백 년 가까운 인생살이 중에서 거리낌 없이, 다른 사람 생각 같은 것은 따지지 않고 몸이 먼저 움직이던 때가 다섯 살이었을 거다. 하루를 살아도 그 다섯 살 아이처럼 살고 싶은 게 어디 그림책 속 할머니뿐이겠는가?

'늙으면 어린아이가 된다'는 말에는 두 가지 의미가 있다. 어린아이처럼 자기 것을 챙기고, 자기 고집을 피우며 늙어 가는 노인이 있고, 몸은 노인이지만 새, 나비, 물고기, 고양이처럼 순하고 자유롭게 어린아이 같은 영혼으로 사는 노인도 있다.

　나와 가장 가까이 있는 여든 살 엄마와 아흔 살 시어머니 속에도 두 어린아이가 다 들어 있다. 그러나 긴 시간 이분들과 함께 지내다 보면 역시나 자기 생각만 하는 어린아이 모습이 점점 더 많다는 걸 알게 된다. 몇 년 전까지도 그런 엄마나 시어머니를 보면 나는 마음이 상했었다. 그런데 요즘은 고집스런 어린아이 하나가 내 앞에 있다 생각하니 그리 마음 상할 일이 없다. 그건 아마 나도 나이 들면 어느 정도 그런 모습을 보일 것이라는 어쩔 수 없는 예감 때문이다. 그러니까 내가 어린아이 같은 노인들의 행동에 덜 날카로워진 것은 곧 도착할 내 미래를 대비해 미리 준비하는 마음가짐이다.

　나중에 혹시 내가 아흔아홉 살까지 산다면 나는 고기를 잡으러 시냇가에 가고 싶다. 다른 핑계 대지 말고 같이 사는 고양이와 함께 고기를 잡으러 시냇가에 가야겠다. 하루 종일 걸리더라도 천천히 걸어갔다가 다시 그 길을 천천히 걸어오고 싶다.

다섯 살 아이처럼 살기

길에서 고양이를 볼 때 나는 혼자 물어본다. '너는 이번 생애 진짜 너의 고양이로 태어나 살고 있냐?'고. 올봄 고양이 한 쌍이 햇볕을 쪼이고 있는 걸 보았다. 그 누구의 고양이가 아니라 자기 삶의 주인으로 사랑하는 고양이 옆에 있는 고양이.

포도 스무 알씩 먹고 살아 있어

『살아 있어』 나카야마 치나츠 글 | 사사메야 유키 그림 | 엄혜숙 옮김 | 보물상자

허셉틴과 도세탁셀. 이 두 약이 내가 맞는 항암제다. 2008년 유방암 3기 진단을 받고 수술 전 세 번, 수술 후 열다섯 번, 모두 열여덟 번 항암제를 맞았다.

하루 종일 누워서 독한 약을 맞는다. 간호사들은 시간마다 내 몸 상태를 확인하기 위해 혈압이랑 맥박을 잰다. 처음 허셉틴을 맞을 때까지는 그래도 괜찮다. 뒤에 맞는 주황색 항암제 도세탁셀이 들어가면 몸이 바로 반응한다. 몸 아래에서부터 뜨거운 기운이 차오르다가 얼굴까지 오면 얼굴 근육이 마비되고 말이 밖으로 나오지 않는다. 나는 손을 흔들고, 신음을 내며 간호사를 부른다. 투약은 중단되고, 의사가 와서 간호사들과 뭔가 의논을 한다. 겨우 제정신이 돌아왔으나 여전히 좀 전에 급하게 겪었던 무서운 경험을 생각한다. 죽는 게 이런 거구나.

"그렇게 많이 힘드세요?"

젊은 의사는 내 눈물이 별스럽고 귀찮다는 듯이 묻는다. 대답하기 싫다. 나는 이 약들이 내 몸에서 어떤 반응을 일으키는지 알지도 듣지도 못했다. 처음에도 물어보지 못했고, 나중에도 물어볼 수 있는 상황은 오지 않았다. 의사가 뭐라고 말을 하는데 시원치 않다. 의사도 간호사도 자기들끼리만 안다. 그들이 정말 아는 건지 모르는 건지 어느 땐 의심이 간다. 나한테 항암제를 투약할 때 자기들 손에 한 방울도 안 묻게 하려고 겹겹이 장갑이랑 옷을 껴입는 거 보면 무척 독한 약인 것은 틀림없다.

항암 주사를 열다섯 번째 맞을 즈음에 얼굴, 가슴, 팔뚝에 붉은 반점이 생기기 시작했다. 물론 가려웠다. 별일 아닐 거라 생각했다. 항암이 끝나 간다는 사실에 들떠 있었다. 그런데 몸은 반대로 묵직해지면서 근육이 말을 안 들었다. 눈 주위로 너구리같이 붉은 자리가 생기고, 곧 온몸으로 번졌다. 머리가 가려운 게 제일 괴로웠다. 항암제 맞는 내내 머리가 빠져 있었다.

16차부터 무서운 도세탁셀이 빠지자 기다렸다는 듯이 까만 머리카락이 마구 올라오기 시작했다. 그렇게 기다리던 머리카락이었는데 가려움 때문에 다시 머리를 밀어야 했다. 유방암센터에서는 원인을 알 수 없다고 피부과로 가란다. 피부과 의사는 여러 가지 검사 끝에 '피부근염'이라 했다. 완전히 치료할 수 있는 약은 없단다. 피부과 의사는 나더러 또 노력하자고 한다. 피부과에서는 갖가지 검사를 마치고 열흘 뒤부터 치료를 시작한다고 했다. 이 의사 양반은 내가 얼마나 오랫동안 이 병원을 다니며 노력하고 치료해 온 환자인지 한 번을 살펴보았나? 울화가 치밀었지만 소용이 없었다. 이곳에서 울화가 치밀어 봤자 병든 고통에 얼굴 일그러뜨린 환자 그 이상도 이하도 아닌 존재다. 독한 약을 맞으며 1년 반을 다닌 이 병원을 열흘 후부터 다른 병을 이유로 또 들락거리려야 한다. 이제 집으로 가면 또 나는 무얼 하는가? 그 많던 하고 싶은 일들이 다 의미가 없어져 버렸다. 아무 할 일이 없다.

그래서 나는 집을 떠났다. 길에서 굶고, 길에서 울고, 길에서 소리 지르자고 다짐했다. 그게 나를 위하는 길이고 가족을 위하는 길이라 생각하니 더 이상 주춤거릴 이유가 없었다. 길을 떠나는 사람은 불행하기 때문에 떠나는 거다. 행복한 사람은 길 떠날 생각을 하지 않는다. 병원에서 집으로 와 옷을 갈아입고 현관에 세워 놓은 배낭을 들고 해남행 고속버스 맨 앞자리에 앉았다. 전화를 꺼내 보니 그사이 부재중 전화가 세 통 와 있었다. 모두 남편에게 온 것이다. 다 귀찮아 꺼 버릴까 하다가 곧 생각을 바꾸어 문자를 보냈다.

"전화 안 받아. 문자는 받아. 6시 해남행 고속버스, 밤 11시 도착, 그곳에서 자고 다음 날 아침부터 걷기 시작."

남편에게 바로 문자가 왔다.

"그래요. 부디 몸조심하고 먹는 것을 잘 먹어요."

 포도 스무 알씩 먹고 살아 있어

창밖을 보았다. 경부선 고속도로 오른쪽으로 빨간 노을이 지면서 마침 떠 있는 회색 구름과 마구 섞여 핏빛을 만들어 내고 있다. 남편을 생각한다. 남편은 1년 넘게 치료를 받고 있는 나를 위해 최고의 헌신을 했다. 지금도 집안일 모두 도맡아 하고 날마다 회사에 나가 두세 통씩 내 안부를 묻는 전화를 한다. 나는 어느 날부터 그 전화를 안 받았다.

"뭐 먹었어? 기분은 어때? 지금 뭐 하고 있어?"

그런 일상의 똑같은 말을 듣고 싶지 않고 대답하기도 싫었다. 어느 땐 남편 전화에다 짜증을 많이 냈다. 나는 병이 길어지면서 집안일을 대신해 주고, 먹는 걸 걱정해 주는 거 말고 남편에게 또 다른 걸 원했나 보다. 내가 어쩌다가 여기까지 왔을까? 생각만으로도 내가 싫다. 아무리 생각해도 길을 떠난 건 잘한 일이다. 보잘것없고 비참한 처지의 내가 지금 그래도 잘한 거 하나라면 길을 떠난 것이다.

그때 해남을 시작으로 강진, 보성까지 7일 동안 걸었다. 땅끝 해남에서 5일을 걸어 강진 앞바다를 지나는 중에 허리에 맨 끈을 커다란 함지박에 연결하고 있는 할머니들을 만났다. 할머니들은 함지박을 저 멀리 뜨겁게 반짝이는 갯벌까지 밀고 나가 낙지를 잡아 온다고 했다. 나를 본 할머니들은 한결같이 '불쌍타'고 하셨다. 여자 혼자 집을 나와 걸어 다니는 것 자체가 불쌍타고 하셨다. 나는 속으로 말했다.

강진만에 사는 할머니는 날마다 뻘에 나가 낙지를 잡습니다.
햇볕이 따가워 수건, 모자, 스타킹, 양말을 차례로 걸치고
다시 고무줄로 꼭꼭 묶어야 합니다. 잡은 낙지는 고무통에 담아
유모차에 싣고 집으로 갑니다.

'그래요, 할머니. 불쌍한 대신 자유롭게 다닐 수 있어서 좋은 것도 있어요.'

그로부터 8년이 지났다. 그동안 그런대로 버티어 주던 피부였다. 많이 힘들 때는 두문불출하고 스테로이드제를 먹고 며칠 자고 나면 가라앉고, 그러고 나면 다시 생생하게 살았다. 그런데 이젠 어떤 약도 듣지 않고 검붉은 색깔이 얼굴 전체로 올라왔다. 나더러 어쩌라는 건가? 왜 이렇게 이 병은 끝나지 않는 걸까 하는 생각이 순간순간 떠오른다. 하지만 그건 이미 답이 없는 허망한 공상일 뿐이다. 나는 처음 병을 얻었을 때보다 8년을 더 산 어른이 아닌가? 8년 전과는 다른 방식으로 가족에게 양해를 구하고, 병원 치료가 아닌 자연 치료를 위해 지리산 단식원으로 가기로 마음먹었다. 가방에 나카야마 치나츠가 쓴 『살아 있어』를 넣으며 혼자 중얼거린다.

'그래, 내가 지금 살아 있어서, 살아 있어서 또 여행 가방을 싸는 거니까.'

경남 함양을 지나 산청에서도 한참 들어가는 지리산 덕산 마을에 있는 단식원에서 얼마 동안 포도만 먹으며 내 몸 안에 쌓인 독을 빼내야 한다. 항암제 독이 몸에서 빠지지 못하고 피부로 나타난다고 단식원 목사님이 말씀하셨다. 나는 따르기로 했다. 그냥 따르고 싶었다. 어린 시절 강원도 할머니네 가서 머물던 것처럼 편안해지기로 했다.

　나보다 먼저 와 있는 환자 중에 중국 심양에서 온 63세 조선족 남자와 그 딸이 있었다. 최문나라고 하는 젊은 아가씨는 이혼하여 혼자가 된 아버지 보호자로 아버지 옆에 머물고 있었다. 처음 소개를 받는데 아직도 세상에는 이런 심성을 가진 사람이 있구나 싶다가도, 젊고 예쁜 청춘이 힘없는 환자들 속에 있다는 게 아까워 눈물이 났다.

　문나 씨는 단식원에 머무는 동안 한글을 배운다고 책꽂이에 꽂혀 있던 링컨 위인전을 읽으면서 영 어렵다며 끙끙거리고 있었다. 단식 이틀째 나는 『살아 있어』를 꺼내 읽어 주었다. 같이 읽었다. 처음엔 내가 한 번 읽고, 나중엔 문나 씨에게 읽으라 했다. 겨우 한글을 읽을 줄 아는 문나 씨가 더듬더듬 『살아 있어』를 세 번 읽는데 서투른 억양이 오히려 매력적이라 나는 그만 홀딱 반했다.

　　살아 있어 살아 있어 살아 있어
　　살아 있다는 건 어떤 거지?

　　아, 살아 있다는 건 소리 내는 거네

　살아 있다는 것은 숨 쉬는 것, 살아 있다는 것은 헐떡헐떡, 가르릉 가르릉 소리 내는 것이란 대목을 읽다가 문나 씨가 묻는다.

포도 스무 알씩 먹고 살아 있어

"그런데 '쿨쿠울쿨'이 뭐예요? 이 사람 죽었어요?"
"잠잘 때 나는 소리! 중국에서는 뭐라고 해요?"
"중국은 '호오호' 이래요."
새가 날아가는 것, 표범이 달리는 것, 사슴이 움직이는 것, 이런 것들이 다 살아 있기 때문에 가능한 것이다. 맞다!

살아 있어 살아 있어 자라고 있어
아, 살아 있다는 건 자라는 거네

이 부분을 읽으며 문나 씨가 '살아 있는 건 잘하는 것이냐'고 하기에, '굿(good)'이 아니라 쑥쑥 키가 자라는 것이라 설명 한번 해 주었다. 그런데 뒷부분에 가서 그림책이 우리더러 조금 생각하라고 한다.

살아 있어 살아 있어 시들었어
아, 살아 있다는 건 시드는 거네

"문나, 이거 알겠어요? 살아 있기 때문에 시드는 거?"
문나 씨는 "에~ 에~ 쪼끔."이라고 말하며 고개를 까닥까닥한다. 그러다 다시 "몰라요. 어려워요." 한다. 문나 씨는 더듬더듬 재미나게 리듬을 타며 무사히 그림책을 읽어 냈다.

"그른데 이 책 너무 좋아요. 말도 좋고 그림 좋아요."

"며칠만 내가 보다가 문나 씨 가져가요. 문나 씨에게 내가 주는 선물!"

문나 씨가 좋아하는 걸 보니 집에서 그림책 몇 권 더 가져올 걸 하는 후회가 생긴다.

살아 있어 살아 있어 먹고 있어
아. 살아 있다는 건
먹는 거네

살아 있는 것을 이야기하기 위해 빠질 수 없는 것이 먹는 것이다. 그 어떤 생명도 살아 있기 위해서는 먹어야 한다. 물고기는 살아 있기에 벌레를 먹고, 새는 살아 있기에 물고기를 먹는다. 짐승은 살아서 새를 잡아먹는다. 그리고 그 짐승이 죽어 쓰러진 자리에서 사과나무가 자란다.

사과는 내가 먹었어

어디 사과뿐이겠는가? 이곳 단식원에서 세 시간마다 먹는 포도 스무 알 역시 그림책에 나오는 사과나무처럼 죽어 흙이 되고, 공기가 된 생명들 덕분에 맛있게 영근 포도나무 열매들이다. 이곳에 있는 사람들은 포도 이외에 허락된 음식이 없어서 더 맛있게 먹지만 이 포도가 내 몸에 들어가서 정말로 내 몸을, 내 피를, 내 세포를 깨끗이 살아나게 해 달라는 소망을 가지고 껍질째 꼭꼭 씹어 먹는다. 이곳에서 먹는 포도 맛은 아마 평생 잊지 못할 것이다.

문나 씨는 좀 전에 '살아 있기 때문에 시드는 거'에 대한 대답을 못 한 것이 내내 걸렸나 보다. 고민하더니 다시 내 옆에 와서 서툰 한국어로 말해 보려 노력한다.

"살아 있기 때문에 시드는 거는 어떤 상태를 견디고 있는 거예요. 우리 아빠처럼. 그르니까 시든 것도 그 견디는 상태 중에 하나예요."

내가 정확히 이해했는지 모르겠지만 문나 씨는 저쪽 방에서 투병 중인 아빠를 이야기하고 싶었나 보다. 문나 씨 말은 나에게도 딱 떨어진다. 나는 살아 있기 때문에 이 모든 것을 참 잘 견디는 중이다. 지리산 둘레길을 걷다가 대숲에 들어가 가만히 서 있는 일, 대나무 장작을 도끼로 잘라 끈으로 묶어 놓는 일, 일찍 자고 일찍 일어나는 일, 포도를 꼭꼭 씹어 맛있게 먹는 일들이 모두 참 잘 견디는 일 중에 하나다. 그중에서도 치료를 위해 더는 병원 약을 먹지 않고 견디는 일을 제일 위에 올려놓고 싶다.

지구인을 위한 예식

・

『**우주의 말**』 김정선 글·그림 | 꼬마샘터

・

　한 친구는 어릴 때 아버지가 돌아가셨다. 그 친구는 늦둥이로 태어나 아버지 사랑을 독차지하며 자랐다. 친구가 열두 살 때, 아버지가 돌아가시고 장례를 치르는 동안 식구들은 친구를 큰집에 가 있게 했다. 큰집에서 일주일쯤 있다 집에 와 보니 아버지는 없고 '돌아가셨다'는 말만 있더란다. 그날부터 친구는 아버지가 갑자기 사라진 채로 살아야 했다.
　막내딸을 자전거에 태우고 동네 방천길을 달리던 아버지, 항상 막내딸에게 줄 간식거리를 주머니에 넣어 다니던 아버지였다. 아버지와 보낸 시간들, 아버지에게 받은 사랑은 '돌아가셨다'는 말로는 도저히 바꿀 수 없는 것들이었다. 친구는 그 느닷없는 상실을 누구에게도 말하지 못하고, 오랜 세월을 그냥 살았다. 그냥 산 게 아니라 무의식 저 아래쪽에 원인 모를 불안을 안고 살았다. 연애를 하고, 결혼 생활을 할 때도 사랑하는 이가, 가족이 어느 날 말없이 내 곁에서 사라질지도 모른다는 생각에 불안했다. 나중에 친구는 자기와 비슷한 일을 겪은 사람들의 이야기를 들으며, 불안의 원인이 돌아가신 아버지라는 것을 알았다. 더 정확히 말하면 자기 눈으로 확인하지 못한 아버지의 죽음, 보지 못하고 받아들여야 하는 사랑하는 이의 죽음이 친구 삶을 내내 힘들게 했던 것이다.

어느 날 갑자기 아빠가 사라졌어요.
하루, 이틀, 그리고 사흘이 지나도록
아빠는 돌아오지 않았어요.

『우주의 말』에 나오는 문장이다. 내 친구처럼 갑자기 아빠의 죽음을 맞은 아들이 하는 소리다. 화가 김점선의 아들에게 아빠는 친구이자 엄마 역할까지 대신해 주는 존재였다. 엄마 김점선은 그림을 위해 태어난 것처럼 평생 그림만 그리며 산 화가였다. 김점선이 아침에 눈을 뜨자마자 이젤 앞으로 가 붓을 들면 꼼짝없이 앉아 주위를 돌아보지 않고 그림에만 빠져 있으니 남편과 아들은 자연스레 함께 다니며 시간을 보냈다. 이 가족이 산동네 어디에서 가난하게 살 때 김점선이 그림을 그리다 창밖을 보면, 남편과 아들이 저쪽 언덕에 마주 앉아 라면을 끓여 먹고 있더란다. 김점선 혼자 마음껏 그림을 그리라고 남편과 아들이 배려를 한 것인지, 아니면 김점선이 빠져 있는 예술 세계에 도저히 낄 틈을 찾지 못한 남편과 아들이 터득한 삶의 방법인지는 아무도 모른다. 남편과 아들은 점점 함께 보내는 시간이 많아지더니 나중에는 세계 이곳저곳까지 여행 다니며 행복한 시간을 보냈다.

그렇게 꼭 붙어 다니고 의지해 온 친구 같은 아빠가 세상을 떠났다. 김점선은 어떤 상황에도, 어떤 사람에게도 흔들림이 없이 화가의 길을 분명히 간 사람으로 잘 알려져 있다. 그 길을 가던 중에 김점선은 단짝 아빠를 잃고 쓸쓸해하는 아들을 위해, 아들을 남겨 두고 다시 오지 못할 세상으로 떠난 남편을 위해 이야기 하나를 만들었다. 그 이야기에 그림을 그려 넣어 그림책 『우주의 말』이 되었다.

죽은 아빠 말은 멀리 우주로 떠나 있고, 살아 있는 아들 말은 지구에 남아 있다. 이 둘은 너무 멀리 떨어져 있으나 보이지 않는 특별한 선으로 단단히 묶여 있다. 우주에 있는 아빠 말은 유독 사랑하는 아들 말이 보고 싶어 아들 말에게 광선을 보낸다. 한 번, 두 번, 세 번……. 그러나 안타깝게도 아들 말은 아빠 말의 신호를 금방 알아채지 못한다. 그러다가 어느 순간 아빠 말이 보내는 신호를 느낀다. 둘은 단단한 선으로 묶여 있으니까.

아빠 말은 한 가닥의 신호라도 아들에게 닿을 거라는 희망으로

지구인을 위한 예식

있는 힘을 다해 신호를 보냈단다.
어린 아들은 아무것도 모른 채 그 신호를 받았어.
우주의 광선을.

아들 말은 알 수 없는 따뜻한 느낌을 받곤 했단다.
그것은 사랑 같기도 하고 희망 같기도 했어.
뭔지 모르지만 아들은 기분이 좋아서 미소 지었지.

아빠가 멀리 우주로 떠났을 때 아들은 그리 어린 나이가 아니었다. 그러나 사랑하는 이의 부재는, 죽어 다시 볼 수 없다는 상황은 나이에 상관없이 받아들이기 어려운 것이다. 그걸 아는 엄마 김점선은 이렇게 아름다운 이야기를 만들어 아들을 위로했다.

3년 전에 시아버지가 돌아가시던 날 대학교 2학년이던 딸아이는 한국에 없었다. 학교에서 단체로 가는 연수 때문에 6일 일정으로 태국에 가 있었다. 장례식에 딸아이를 불러들여야 하나 말아야 하나 잠시 고민하다가 그만 시간을 놓쳤다. 시부모님은 아들딸 여섯 남매를 두었지만 어찌 된 일인지 장례식장에 심부름할 손자 손녀들이 턱없이 모자랐다. 할 수 없이 나는 고등학교 3학년이던 아들아이와 아들 친구들을 장례식장으로 불러 심부름을 하게 했다. 여든 살이 넘은 시아버지가 병원에 그리 오래 누워 계시지 않고 고통 없이 가셨다고 다들 호상이라고 했다. 어릴 때 시아버지에게 신세를 많이 졌다는 사촌 조카가 신발을 벗자마자 영정 앞에 엎드려 "아이고 아이고, 작은아버지 이렇게 가시다니요." 하는 통곡이 특별해 보일 만큼 장례식 내내 우는 사람이 없었다. 건장한 내 아들과 아들 친구들이 검은 양복을 입고 장례식장을 왔다 갔다 하며 허드렛일을 돕는 모양이 보기 좋았을 뿐, 나는 장례식에 오지 못한 딸아이 마음은 생각하지 않았다.

아들은 친구들과 삼일장을 치르고 장지에까지 다 다녀온 덕에 할아버지를 자기가 보내 드렸다고 말한다. 식구들끼리 모인 자리에서 할아버지 얘기가 나오면 아들은 어릴 때 함께했던 할아버지와의 갖가지 추억에다가 마지막 시간까지 더하여 할아버지를 기억한다. 그런데 할아버지 장례식을 지켜보지 않은 딸아이는 "이상해, 이상해."라는 말을 자주 한다. "어떻게 할아버지가 있다가 없어? 할아버지 정말 돌아가신 거야?" 하더니 언젠가는 "엄마는 할아버지 장례식에 어떻게 나를 안 불렀냐?"며 나를 원망한다.

내가 웃었어요.
아빠가 웃었어요.

내가 손을 흔들었어요.
아빠가 손을 흔들었어요.

지구인을 위한 예식

『우주의 말』에서 아들과 아버지는 멀리서나마 이렇게 인사를 했지만, 딸아이는 할아버지를 배웅할 기회를 갖지 못했다. 떠나가는 누군가를 향해 손을 흔들며 잘 가라는 짧은 인사도 하지 못했을 때, 남겨진 사람은 이별을 제대로 이해하거나 받아들이기 어렵다. 작별 인사를 하는 그 시간은, 비록 짧은 순간이라도 스스로의 마음을 정리하는 데 꼭 필요한 시간이다.

사람들이 탄생보다 죽음에 더 큰 예의와 공감을 나누는 것이 죽은 이를 위해서만은 아니라는 것을 나는 뒤늦게 알았다. 장례식에서 돌아가신 분을 모셔 놓고 3일 동안 사람들이 모여 음식을 먹으며 이야기를 한다. 우주로 떠난 이의 삶을 이야기하고, 우주로 떠나는 순간은 어땠는지를 서로 이야기하며 기억한다. 우주로 떠난 이가 지구에 남겨 놓은 것들, 생명들은 그러면서 다시 한 번 자기 존재가 어디에서 왔는지를 돌아본다. 그건 싫어도 좋아도 피할 수 없는 연결 고리이다. 이런 모든 일들은 지구에 남은 이들에게 꼭 필요한 시간이다.

04
어른으로 산다는 것

아직 마음속에는 아이가 남아 있는데,
그 아이 목소리를 제대로 들어주지 못한 채
뭔가에 떠밀려 어른이 되었습니다.
그림책을 펼치니 그 속에도 나 닮은 어른들이 있습니다.
그들이 깨닫고 가는 길을 또 한 번 기웃거려 봅니다.

동물원 나들이에서 배운 것

『동물원』 앤서니 브라운 글·그림 | 장미란 옮김 | 논장

주말에 가족과 함께 동물원이나 놀이동산에 가는 날, 아빠는 보통 날보다 큰마음을 먹는다. 그런데 모처럼 큰마음을 먹은 아빠 앞에 소소한 일들이 끊이지 않는다. 집을 나서는 순간 도로가 막혀 자동차는 계속 제자리이고, 아이들은 좁은 차 안에서 싸움을 한다. 아빠는 그럴 때마다 화를 내고 남을 탓한다.

『동물원』에 나오는 아이들 아빠는 아직 동물원에 들어가기도 전에 위의 행동을 다 해 버린다. 아빠는 매표소에서 아들 나이를 속여 말하면서 입장료를 깎아 달라고 한다. 매표소에서 거절당한 아빠는 기분이 상해 아주 대놓고 아이들에게 화를 낸다. 아이들이 원하는 것마다 안 된다고 한다.

"초콜릿 먹어도 돼요?"
아빠가 말했다.
"지금은 안 돼."
해리가 칭얼댔다.
"왜요?"
"왜냐하면……."
"왜 안 되는데요?"
내가 다시 묻자 아빠가 말했다.
"내가 안 된다고 했으니까."

아이들은 고릴라와 원숭이를 먼저 보고 싶다. 그러나 동물원 안내 지도가 없어서 무턱대고 돌아다닌다. 동물원에 온 지 얼마 되지도 않았는데, 지루해진 아이들은 배가 고프다며 당장 점심을 먹자고 한다. 그러더니 아이들은 심술이 났는지 서로 발을 걸어차기 시작하다가 나중에는 뒤엉켜 싸운다. 사실은 아빠도 심심하고 지루하던 차에 싸우는 아이들을 혼내 주는 데 기운을 쓴다.

『동물원』에 나오는 엄마는 집을 나설 때, 그리고 동물원을 다닐 때 특별한 감정 표현 없이 그저 무표정한 얼굴을 하고 있다. 그 엄마 얼굴이랑 내 얼굴이 많이 닮아 있다. 이 엄마는 집을 떠날 때부터 눈치 없는 말을 계속하는 남편이 마음에 안 드는 것일까? 남편이 동물원 매표소에서 아이 나이를 속이다 들키고, 길에서 아이들을 혼내고, 썰렁한 농담을 하고 혼자 웃는 이런 일들을 날마다 겪으며 살다가 아예 체념한 얼굴인가? 동물원 우리 속에 표정 없이 앉아 있는 동물들이 불쌍하여 마음이 불편했을 수도 있겠다.

동물원 구경이 끝나고 집으로 오는 길에 엄마는 식구들에게 오늘 뭐가 가장 좋았냐고 묻는다. 이번에도 아이들 아빠가 먼저 대답한다.

아빠는 집에 가는 것이 가장 좋다고 했다. 그러고는 엄마한테 저녁에 뭘 먹을 거냐고 물었다.

동물원 나들이에서 배운 것

이 대목을 읽을 때면 나는 잊을 수 없는 추억이 하나 생각난다. 예전에 아들아이가 다니던 초등학교 4학년 교실에서 이 그림책을 읽어 줄 때 있었던 일이다. 수업 전 아침 시간에 내가 그림책을 읽어 주는 동안 담임선생님은 책상에 앉아 할 일을 하고 있었다. 그런데 내가 바로 이 대목을 읽고 나니 갑자기 선생님이 책상에서 벌떡 일어나 나에게 걸어오며 묻는다.

"정말로 그림책 속에 저녁에 뭘 먹을 거냐고 나와 있어요?"

선생님은 그림책 글을 확인하고 나서 한마디 덧붙인다.

"그놈의 밥, 남자들 밥 밥 하는 건 미국이나 한국이나 똑같아 똑같아. 으이 징그러."

나는 아들 반 담임선생님은 좀 다른 사람인 줄 알았다. 담임선생님은 학교 출근 전에 영어 학원 새벽반 수업을 듣고 오면서도 머리 모양, 옷 스타일이 멋지기로 유명했다. 집 안에서 주부로 살면서 꿈꾸다가 포기하고, 노력하다가 좌절하면서 무표정한 얼굴이 되어가는, 그런 나와는 다른 세계 사람인 줄 알았다. 그 선생님이 아이들 앞에서 밥 이야기를 하며 몸서리를 친다. 그날 그런 선생님의 모습이 오래도록 내 머릿속에 남아 있다. 그러니까 겉으로나 생활에서나 완벽에 가까운 사람이 결국 나와 비슷한 종류의 문제로 힘들어하고 있다는 것을 알게 된 거다. 당연히 그날 이후 그 선생님이 더 가깝게 느껴졌다.

두 아이를 키우며 나는 전업주부로 살았다. 가족 나들이를 계획하고 나면 겉으로 표시는 안 했지만 아이들보다 내가 더 설렜다. 하루 전에 미리 장을 보아 놓고 다음 날 새벽부터 일어나 김밥 싸고 통닭까지 튀겼다. 화장을 다 끝내고 나서 잠자는 아이들과 남편을 깨웠다.

아직 우리 집에 자동차가 없을 때여서 네 식구가 경기도 시흥에서 지하철을 갈아타고 동물원이 있는 과천 대공원에 갔다. 지하철 안은 사람이 많아 답답하고 조금 고생스러웠지만 곧 넓고 쾌적한 공원에서 가족이 모여 놀 생각에 그리 힘들지 않았다. 두 아이가 뛰어노는 잔디밭에서 부부가 나란히 앉아 아이들을 보며 웃는 장면은 몇 번을 생각해도 좋았다. 내가 조금만 노력하면 이룰 수 있는 꿈이기 때문이었을까?

그런데 남편은 분명히 나만큼 좋아하지 않는 얼굴을 하고 있었다. 집을 떠나 좁은 지하철에서부터 남편이 몇 번 인상 찡그리는 걸 마음 졸이며 보았지만 잘 참고 넘어갔다. 집에서 자다가 눈 떠서 아이들 손잡고 공원에 와 있는 게 다인데, 아빠라는 사람은 어째 저렇게 힘든 얼굴을 할까?

남편은 놀이 기구 매표소 줄이 길면 그냥 타지 말자는 말을 쉽게 했고, 누가 발이라도 밟고 지나가거나 불친절한 점원을 만나면 버럭 화를 냈다. 아이가 칭얼거리거나 뭘 사 달라고 투정을 부리면 『동물원』에 나오는 아빠처럼 아이를 혼냈다. 아이들은 점점

동물원 나들이에서 배운 것

나에게만 매달려 칭얼거렸다. 이쯤에서는 나도 있는 기운을 다 써 버리고 별로 남은 게 없으니 결국 남편에게 좋지 않은 말이 나갔다.

아이들과 어울려 재미나게 놀지 못하다가 엉뚱하게 밥 타령이나 하는 남편, 모처럼 가족 나들이가 뜻대로 이루어지지 않아 우울한 나, 이 둘 사이에 놓인 아이들 역시 즐거울 리가 없다. 이 나들이에서 얻은 게 있다면 동물원에서 서로 다른 방에 갇힌 동물들처럼, 남편과 나 역시 서로 연결되지 못하고 자기만의 생각에 갇혀 있다는 걸 알게 되었다는 점이다.

생각해 보면 그때 남편은 회사에서 살아남느라 온 힘을 쓰고 있었다. 나는 남편이 채우지 못하는 빈자리까지 메꾸며 아이들을 돌보느라 온 힘을 쓰고 있었다. 남편은 나와 아이들을 돌볼 겨를이 없었고, 나는 그런 남편을 살피지 못했다. 서로 서운해하고, 거절당하고 부딪히면서 나는 우리 부부가 함께 이룰 수 없는 것들을 하나하나 깨달아 갔다. 놀이동산 잔디밭에 젊은 부부가 앉아서 뛰어다니는 아이들을 바라보는 풍경도 그중 하나였다.

지금 우리 식구들은 동물원이나 놀이동산에 가지 않는다. 아이들이 다 커 버리고 나니 갈 일이 없어졌다. 가끔 오래전에 찍어 놓은 나들이 사진을 꺼내 볼 때 남편은 잘 기억나지 않는다고 하거나, 몇 가지 좋았던 추억들만 이야기한다. 반대로 나는 아직도 사진을 보면 그때 속상했던 일들이 생생하게 떠오른다.

그 후에도 동물원 나들이를 몇 번 더 하면서 내가 진짜 소망해야 하는 것들의 종류도 많이 달라졌다. 다른 부부들처럼 몇 가지는 포기하고, 몇 가지는 양보하고, 또 몇 가지는 끝까지 고집을 부려서라도 내 것을 만들었다. 그러면서 나는 남편과 각자 다른 생각의 방을 가지고 사는 것은 막아 보려 많이 노력했다. 살다 보니 동물원 나들이를 아무 일 없이 다녀오는 것보다 더 어려운 일들, 더 큰 생각의 차이가 끝없이 생겨났다.

우리 집은 여전히 삐걱거리고 생각이 맞지 않아 큰소리가 오고 간다. 그래도 어쩔 수 없다. 무슨 생각을 하는지는 알아야 하니까 서로 방에서 나와 얼굴 보며 이야기를 해야 한다. 그렇게 날마다 겨우겨우 살아간다.

동물원 나들이에서 배운 것

제대로 따라 하기

·

『위를 봐요』 정진호 글·그림 | 은나팔

·

가족 여행 중이었어.
수지는 차에 타고 있었을 뿐이야.
사고가 났지.
자동차는 바퀴를 잃었고,
수지는 다리를 잃었어.

수지는 오랫동안 집 앞을 지나는 사람들을 창밖으로 내려다본다. 수지는 다른 아이들처럼 밖으로 나올 수 없는 사정이 있다. 수지는 날마다 자기 방 창문 앞에 휠체어를 끌어다 놓고 고개를 내밀어 지나가는 사람들을 구경한다. 아침에는 아이들이 둘씩 셋씩 짝을 지어 학교에 가는 것을 본다. 잠시 뒤에는 유치원 가방을 멘 아이들이 줄을 서 있다가 버스에 올라타는 것을 본다. 어떤 아이는 엄마와 헤어지는 게 싫은지 떼를 쓰고 운다. 유모차에 아기를 태우고 걸어가는 아주머니를 볼 때면 수지는 자기가 아기였을 때를 떠올려 본다.

비가 오면 우산들의 행렬이 생겼어.

비 오는 날에 수지는 사람들이 쓴 우산 위로 비가 떨어지는 걸 구경한다. 사람이 움직이는 게 아니라 동그란 우산들이 저절로 움직이는 것 같다. 한참을 보고 나면 수지는 우산 속에 가려진 사람들이 궁금해진다.

그날 수지가 큰 목소리로 말을 했는지 확실하지 않다. 아무리 소리가 커도 그렇지 저 멀리 아래까지 들리진 않았을 텐데, 수지 마음이 유난히 간절했던 걸까? 수지는 다른 날처럼 자기 방 창문 앞에서 아래를 보다가 갑자기 이렇게 말한다.

내가 여기에 있어요.
아무라도 좋으니……

위를 봐요!

길을 지나는 사람들은 웬만해서는 위를 올려다보지 않는다.

제대로 따라 하기

사람들은 앞을 보고 걸어가거나 스마트폰을 뚫어져라 보며 걸어갈 뿐이다. 혹시 누군가가 저기 위에서 창밖을 내다보는 여자아이를 보았다고 해도, 가던 길을 멈출 사람은 별로 없다. 그런데 지나가는 남자아이 하나가 멈춰 서서 고개를 들고 위를 본다. 그리고 묻는다.

"너 뭐하니?"
"내려다보고 있어."
"왜?"
"궁금해서."
"아래로 내려와서 보면 되잖아."
"다리가 아파서 못 내려가."
"거기서 보면 제대로 안 보일 텐데!"
"응, 머리 꼭대기만 보여."
"그럼, 이건 어때?"

다음 장을 넘기는 순간, 우리는 그림책을 사랑할 수밖에 없는 한 장면을 만난다. 길에 서 있던 아이는 저 위에서 지나가는 사람들 머리만 보고 있는 여자아이를 위해 길바닥에 발라당 누워 버린다.

이 그림책은 흰색과 검은색만으로 그려져 있다. 그 단순한 색은 마치 밖으로 나가 친구들과 어울려 놀지 못하는 수지의 지루하고 단순한 일상처럼 다가온다. 그러나 흑백의 단순한 색으로 이루어진 악보가 훌륭한 연주자를 만나 아름다운 소리를 내는 것처럼, 지나가는 아이 하나가 고개를 들어 "너 뭐하니?"라고 말하는 순간 그 길에 아름다운 음악이 울리기 시작한다. 그러나 아직 낙관하기에는 이르다. 만일 길을 가다가 우리 집 아이가 길 한가운데 벌렁 누워 있는 것을 보았다면, 아이 말을 듣고, 또 위를 한번 올려다보고 난 뒤에 나는 어떻게 행동할까?

이 그림책에서 두 번째로 사랑스러운 장면은 어른이 장바구니를 옆에 내려놓고 길에 누워 있는 아이를 따라 나란히 드러눕는 모습이다. 그리고 그걸 따라 또 한 사람이 눕고, 또 한 사람이 그 옆에 눕고……. 그리 길지 않은 시간 동안 이들은 세상 한군데를 따뜻하게 데워 놓는다.

자기 말고 다른 것에 관심을 두지 않고 앞으로 걸어가기만 했던 사람들이 걸음을 멈추었을 뿐 아니라, 한 아이를 위해 시간을 내고, 마음을 내고, 길바닥에 드러눕기까지 한다. 이처럼 세상이 변하기 위해서는 아이 하나만 가지고는 부족하다. 아이 말을 들어주고 아이가 바라보는 쪽을 같이 보고 따라 하는 어른이 있어야 그때 비로소 세상이 벽돌 한 장만큼 변할 수 있다.

유명 연예인의 아이들이 나오는 텔레비전 방송 프로그램이 인

제대로 따라 하기

기가 좋다. 거기 나오는 아이들은 귀여운 얼굴에 천진한 말과 행동까지 더하여 시청자들의 사랑을 많이 받는다. 아이들의 순진한 말이나 행동을 싫다 할 사람은 별로 없다. 그런데 언제부턴가 이런 종류의 프로그램을 보면서 내 마음이 많이 불편하다.

아이 하나 키우는 집에 장난감이 지나치게 많다. 여자아이들은 비싸 보이는 옷들을 하루에도 몇 번씩 갈아입는다. 게다가 어린아이들을 데리고 맛있는 식당을 찾아가 음식 먹는 장면을 많이 보여 준다. 방송국에서는 '먹방'을 좋아하는 세상의 흐름을 따라야 시청률 경쟁에서 살아남을 수 있는 사정이 있을 것이다. 이들이 맛있게 먹는 음식들, 이들 집에 있는 가전제품, 냉장고를 채우고 있는 식품들을 시청자가 보고 사고 싶고, 먹고 싶게 만드는 것까지도 방송의 몫이 된 세상이다. 주변 젊은 엄마들의 말을 들어 보면 그 프로그램에 나오는 장난감이나 옷들은 인터넷이나 홈쇼핑에서 엄청나게 잘 팔린단다. 옷이나 음식, 장난감은 벌써 오래된 일이고 요즘에는 비싼 캠핑 장비들, 그리고 어린이용 자동차까지 정신없이 팔리는 중이란다.

딸이 스마트폰으로 연예인 아이들이 나오는 프로그램을 반복해서 볼 때가 있었다. 아가씨가 아기를 예뻐하는 마음은 충분히 아니까 처음에는 그런가 보다 했지만, 이야기를 들어 보니 딸 또래가 이 프로그램을 좋아하는 데는 또 다른 이유가 있었다. 그들은 방송에 나오는 귀여운 아이가 사는 공간, 아이 엄마가 멋지게

차려입은 옷, 집 안 구석구석 놓인 세련된 살림들을 합하여 '행복'이라 생각하고 있었다. 사람마다 정도의 차이는 있지만 참 많은 이들이 그들이 사는 방식을 따라 하고 있었다.

어차피 사는 동안 우리는 날마다 무언가를 따라 하고 선택해야 한다. 오늘 하루 내가 어떤 선택을 했는가, 그것들을 모은 게 바로 나다. 한 가지 기억할 것은 아이를 따라 길바닥에 눕기를 선택하고 행동한 사람들은 혼자가 아니라는 점이다. 밖에 나오지 못하는 여자아이 수지, 남자아이, 또 다른 여자아이, 아주머니, 아저씨, 강아지까지 어울려 따뜻한 시간을 함께 경험했다.

흔히 모든 선택은 본인의 자유라고 말한다. 무언가를 따라 하고 나서 내내 마음이 따뜻해지는 경험을 했다면 그건 잘 따라 한 거다. 그러나 무언가를 따라 하고 나서도 만족이 안 되고, 또 다시 따라 할 것을 찾고 있다면, 한번쯤 자기 마음속으로 들어가 의심해 보아야 한다. 우리는 이미 '자유로운 선택'이 어려운 세상을 살고 있다.

제대로 따라 하기

앗살람 알라이쿰, 다시 꾸는 꿈들

『그 꿈들』 박기범 글 | 김종숙 그림 | 낮은산

나는 그때 내가 하는 일이 어떤 일인지 알지 못했다. 사람들은 그 일을 '반전 시위', '반전 평화 시위'라고 말했다. 어린이도서연구회에 다니며 함께 어린이 책을 읽고 공부하는 사람들이 그 시위에 참가했다. 내가 좋아하는 사람들이 하는 일이니까 당연히 나도 해야 하는 일이었다. 나는 그렇게 사람이 좋아, 좋아하는 사람을 따라 하는 일이 많다.

2003년 3월에 미국 부시 대통령은 이라크 전쟁을 시작했다. 2001년 벌어진 9·11테러의 범인을 잡아내고, 이라크 땅 어딘가에 있는 대량 살상 무기를 찾아내겠다고 했다. 미국은 엄청난 수의 군대를 이라크로 보냈고, 최첨단 미사일을 이라크 땅 여기저기에 떨어뜨려 건물들을 폭파했다. 우리나라 정부는 그런 미국의 요구에 따라 이라크로 군대를 보냈다. 텔레비전에서는 미사일이 이라크 하늘을 날아 건물을 폭파하고, 파괴된 건물에서 연기가 올라오는 장면을 반복해서 보여 주었다. 보여 주는 사람이나 보는 사람 모두 이라크 전쟁을 컴퓨터 게임 보듯이 즐기는 것 같았다. 전쟁 기간 내내 식당, 버스 터미널, 가전제품 매장 텔레비전에서 같은 장면이 나왔다. 나중에 사람들은 이라크 전쟁 장면에 무뎌졌다. 사람들은 그게 다인 줄 알았다. 이라크에 대량 살상 무기가 있다고 하니 있는 줄 알았고, 미국 최첨단 미사일이 그것들만 찾아 폭파한다고 하니 또 그런 줄만 알았다.

어느 날 아침 신문에 끔찍한 사진이 실렸다. 미군의 폭격을 맞아 두 다리를 잃고 죽어 가는 이라크 소녀를 소녀의 할아버지가 안고 슬퍼하는 모습이었다. 화가 최병수는 그 사진을 보고 커다란 걸개그림을 그렸다. 최병수는 소녀의 잘려 나간 양 다리 아래 흐르는 붉은 피 대신 꿈 같은 꽃들을 그려 넣었다.

세계 곳곳에서 전쟁 반대 목소리가 달아올랐지만 미국은 꿈쩍도 하지 않았다. 나는 우리 집 두 아이들을 시위 현장에 데리고 다니기 시작했다. 누가 그렇게 하자고 하지는 않았지만, 어린이 관련 단체의 사람들이 모여 시위를 하다 보니 자연스레 아이들을 데려올 수밖에 없었다. 엄마들은 아이들이 이해할 수 있는 쉬운 말로 포스터 문구를 썼다.

"전쟁은 싫어요! 총소리가 그치고 학교에 가고 싶어요! 파병

 앗살람 알라이쿰, 다시 꾸는 꿈들

반대!"

 부엌에 있는 대파를 가져다가 빈 병에다 꽂아 말 그대로 '파병'을 만들어 온 사람도 있었다. 토요일마다 종로, 대학로에 모여 평화 문구를 적은 포스터와 전쟁 반대 메시지를 흔들며 행진을 했다. 아이들과 함께 모여 커다란 걸개그림을 그렸고 저녁이면 평화 노래 공연이 있었다. 그때 평화 행진을 하며 많이 외치고 다닌 말이 "앗살람 알라이쿰."이다. 상대에게 평화를 비는 마음을 담은 아랍 사람들의 인사다.

 박기범이 쓰고 김종숙이 그린 『그 꿈들』에는 이라크 전쟁에서 죽거나 다치게 된 이들이 간직한 이야기가 담겨 있다. 이라크 전쟁이 끝나고 10년이 지나 세상에 나온 이 책을 나는 누구보다 생생하게 읽어 내려가면서도, 한편으로 많이 부끄러웠다. 11년 전, 나는 이 아이들을 얼마나 알고 전쟁을 반대하는 시위 속에 서 있었던가? 어린이 책을 공부하는 사람으로, 그리고 아이 키우는 엄마로 이라크 전쟁에서 무참하게 죽어 가는 아이들을 보고 그저 동무들을 따라 거리로 나갔던 것이다. 반전 평화 시위를 하면서 권정생의 동화 『몽실 언니』, 『초가집이 있던 마을』, 『점득이네』를 읽고 글을 쓰면서 전쟁을 이해하려고 노력했다. 여전히 나에게 전쟁은 이해하려고 노력하는 것이고 상상 속에 있는 것이었다.
 이라크 사람들에게 전쟁은 과연 언제부터 끔찍한 현실로 있었던 걸까? 미국이 이라크 전쟁을 시작하기 훨씬 전부터 이라크 사람들은 제 나라 독재자에게 시달렸고 나라 안에서 일어나는 크고 작은 전쟁을 겪어 왔다.

　아버지들은 전쟁에 끌려가고 남은 아이들은 학교에 가지 못한 채 아버지를 대신하여 동생들을 보살폈다. 핫싼은 아버지가 전쟁터에서 돌아오지 않으니 자기 몸보다 큰 구두통을 메고 거리로 나가 돈을 벌었다. 알라위는 기름통을 배달해야 했다. 힘겨운 노동을 하며 하루하루를 사는 가난한 아이들이지만, 이 아이들은 자기에게 맡겨진 일들을 의젓하게 해내면서 자신이 어떤 일을 잘하는지, 또 이담에 무슨 일을 하고 싶은지를 이야기한다. 일을 하다가도 그 꿈을 이룰 생각을 하면 잠깐잠깐 행복하다. 알라위는 축구 선수가 되고 싶고, 구두를 닦는 핫싼은 부지런히 돈을 모아 작은 집을 사고 싶다. 하이달은 지금 가디르라는 아가씨와 한창 연애에 빠져 있어 행복하다. 둘이 함께 살 작은 집을 마련해 놓고 거기서 아기 낳아 살 꿈을 꾸며 하이달은 택시 운전을 한다.

　아침에 눈을 뜨면 여전히 배달해야 할 기름통이 자전거 뒷자리에 놓여 있는 것, 저녁까지 고단하게 구두를 닦아 번 돈을 꼭 쥐고 동생들이 기다리는 집으로 돌아오는 것, 택시 일이 끝나고 사랑하는 여인을 만나러 티그리스 강변으로 달려가는 것, 이러한 순간순간들을 별일없이 날마다 반복하는 것이 바로 평화다.

　미국이 이라크에 전쟁을 선포하는 폭격을 높이 쏘아 올린 날,

앗살람 알라이쿰, 다시 꾸는 꿈들

이 사람들에게 날마다 반복되던 일상의 평화는 숨을 멈추었다. 설마 또 전쟁이 일어날까? 미국은 왜 이라크까지 와서 전쟁을 하려는 걸까? 유난히 크고 예쁜 눈을 가진 이 나라 사람들은 '도대체 알 수 없는 이 전쟁' 통보 앞에서 공포와 불안으로 몸을 웅크릴 뿐이다.

아흔 살 무스타파 할아버지는 '우리에게는 우리의 삶이 있는 거'라고 이야기한다.

나랏일이 옳지 못하게 돌아가고 있다는 건
그 누구보다 우리가 잘 안다오.
하지만 그걸 바로잡는 건
이 땅에서 모진 삶을 살아온 이들이
스스로 해낼 때에만 가능하지요.
그건 저 길 건너 올리브 나무도 다 아는 일이랍니다.

결국 미국은 이라크 어딘가에 있을 거라는 대량 살상 무기와 9·11테러 주동자 그 어떤 것도 전쟁 중에 찾아내지 못했다. 이라크를 쑥대밭으로 뒤집어 놓고, 전쟁을 왜 해야 하는지조차 모르는 수많은 사람들을 죽게 했다. 알라위네 집 지붕으로 폭격이 떨어졌다. 아직 어린 알라위는 폭격을 맞아 아버지의 팔다리가 다 떨어져 나가고 얼굴이 형체 없이 망가져 죽어 있는 것을 보고 말았다. 아버지의 죽음을 알리기 위해 어딘가로 달려가는 알라위는 정작 자기 다리에 총알이 박혀 있다는 사실을 모르고 있다. 하이달은 사랑하는 가디르를 남겨 두고 미군이 쏜 총에 맞아 숨을 거두었다. 그날 하이달은 폭격에 맞아 피 흘리는 아이들 중에 아직 숨이 붙어 있는 아이들을 택시에 싣고 보건소를 찾아가는 중이었다. 이라크 아이들은 이 전쟁에서 부모님을 잃고, 다리에 총을 맞고, 얼굴에 화상을 입었다. 죽은 목숨 하나하나에 깃들어 있는 삶의 역사, 크고 작은 사연, 비밀스럽게 간직해 오던 약속, 평화……. 이 모든 것이 그저 의미 없는 숫자로 기록되었다.

어느 날은 백 명이었고,
어느 날은 백오십 명이라 했습니다.
어느 날은 공원에서 폭발이 일어났다고 했고,
또 어느 날은 예배당 건물에 포탄이 떨어졌다고 했습니다.
그러나 뉴스에서는 거기까지만 말해 줄 뿐,
죽거나 다치게 된 이들이 간직한
이야기들에 대해서는 입을 다물었습니다.

『그 꿈들』속에는 이라크 전쟁이 끝나고 10년이 지난 이야기가 담겨 있다. 그나마 살아 있어 삶을 살아 내는 목숨들 이야기인지라 책 속에서 간간히 아이들 웃음소리가 들린다. 화가 김종숙 역

앗살람 알라이쿰, 다시 꾸는 꿈들

시 마지막에 아이들과 함께 있는 살람 아저씨를 그린 그림에다가는 밝은색 물감을 아끼지 않았다. 어른이 된 아이들이 구두닦이 청년, 자전거포 아저씨, 학교 선생님, 채소밭을 가꾸는 농부가 되었다. 전쟁고아들은 나이에 상관없이 집안을 이끄는 가장이 되어 부지런히 일을 한다. 일하는 틈틈이 짬을 내어 공부방에 모여 서로 소식을 주고받는다. 원래부터 전쟁고아들을 보살펴 온 살람 아저씨는 이번 이라크 전쟁 뒤에 해야 할 일이 더 많아졌다. 슬프고 불안하지만 또 다시 남은 사람들끼리 어깨를 빌려 주며 일상을 만들어 간다.

하루하루를 살아 내다 보면 이 아이들의 가느다란 다리에 힘이 오르고 또 다시 소망이라든가 꿈 같은 것도 함께 생겨나겠지. 축구 선수가 되고 싶고, 디자이너가 되어 옷을 만들고 싶고, 다시 누군가를 사랑하면서 아름다운 이야기들이 생겨나겠지.

지금 텔레비전이나 신문은 11년 전에 비하여 우리가 볼 수 있는 세상을 더 한정지어 놓았다. 텔레비전 채널 숫자는 수없이 늘어났고, 24시간 하루 종일 그 속에서는 같은 장면과 그들이 만들어 낸 이론이 반복되어 나온다. 세상 돌아가는 일은 정치하는 사람, 전문가, 기업가 몇 명에게 다 맡기고, 우리더러는 그저 먹고, 사고, 즐기기만 하란다. 방송이나 신문에 보이지 않는 다른 쪽에서 점점 더 늘어가는 세상의 슬픔들을 우리는 어떻게 만나야 하는가? 그때 살아서 이라크 전쟁을 아프게 지켜보던 권정생은 예언 같은 말을 했다.

"파병을 멈추려면 승용차를 버려야 한다."

나는 지금 거기로부터 한 치의 걸음을 좁히지 못하고 산다. 비록 무력하지만, 나는 이라크 아이들을 위해 간절히 소망한다. 아이들이 키가 크고 몸이 자라는 동안 다시 꿈꾸고 키워 온 소망들, 그것들을 이루어 내기를 바란다. 전쟁이 없는 땅, 전쟁이 사라진 나라에서 하나씩 이루어질 꿈들을 응원한다.

앗살람 알라이쿰, 다시 꾸는 꿈들

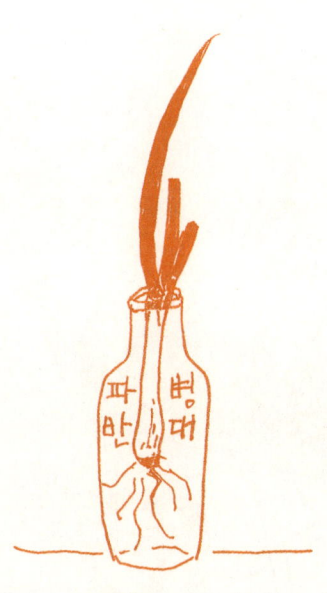

더없이 좋은 이유, '그냥'

『오소리네 집 꽃밭』 권정생 글 | 정승각 그림 | 길벗어린이

회오리바람이 불던 날이었어요.
진수네 밭둑에 서 있던 50년 묵은 밤나무가
뿌리째 뽑혀 넘어질 만큼 무서운 바람이었어요.

양지볕에서 꼬박꼬박 졸던 잿골 오소리 아줌마는 그 무서운 바람에 40리 떨어진 마을까지 날아간다. 오소리 아줌마는 읍내 장터에서 사람들이 와글와글 시끄럽게 물건을 사고파는 모습을 본다. 장터에서 파는 고무신, 운동화, 반바지, 맛있는 떡, 사탕 들을 더 구경하고 싶지만 잘못하다가는 사람에게 잡히고 만다. 서둘러 집으로 가던 오소리 아줌마는 하필 초등학교를 지나면서 울타리에 난 작은 구멍을 본다. 울타리 구멍에 몸을 쏘옥 넣은 오소리 아줌마는 예쁜 꽃밭을 보고는 홀딱 반한다. 집에 가서 똑같은 꽃밭을 만들겠다는 마음으로 단숨에 집에 도착해 남편을 조르기 시작한다.

처음 이 그림책을 보는 순간 오소리 아줌마처럼 나도 학교 울타리 안 꽃밭에 있는 꽃들을 보고 함성을 질렀다. 학교 운동장 둘레로 봉숭아, 채송화, 접시꽃, 나리꽃, 다알리아가 키 순서대로 잘 꾸며진 꽃밭이 꿈처럼 반가웠다. 이 꽃밭을 그리기 위해 화가 정승각은 충주에 있는 어느 초등학교 꽃밭 앞에다 텐트를 치고 몇 날 며칠을 그 속에서 살았다고 했다.

『오소리네 집 꽃밭』을 '인생을 바꾸어 놓은 그림책'이라고 말하는 친구가 있다. 그 친구는, 불어오는 바람에 흔들릴 수 있고 날아갈 수 있는 오소리 아줌마가 부럽다고 했다. 자신도 삶에서 뭔가 변하고 싶고 달라지고 싶은데 늘 생각만 하다가 끝나 버린다고 했다. 친구는 자기 것을 지키기만 하는 삶이 더 이상 행복하지 않았다. 바람 따라 날아가 시장 재미난 거 다 구경하고, 호기심에 끌려 학교 꽃밭 구경까지 하고 오는 오소리 아줌마가 친구에게 충격이었다. 오소리 아줌마가 몸으로 경험하는 세상, 변화를 만들어 내는 열정이 크고 신선해 보였다. 친구 눈에 오소리 아줌마는 남의 눈치 안 보고 자기 삶을 마음껏 사는 존재였다. 그 친구는 40년 넘게 살아오는 동안 한 번도 안 해 본 일을 큰맘 먹고 하나둘 해 나갔다. 스스로 몸치라고 절대로 춤을 출 수 없다고 하더니, 어느새 훌륭한 춤을 배워 자기 마음을 치료하는 경지에까지 갔다. 안 보이는 곳에서 남을 돕는 것이 자기 성격이라며 어디 앞에 나서길 꺼리던 친구가 어린이 시민 단체 장을 뽑는 선거에 후보로 나가 멋지게 선거 유세를 하는 것도 보았다.

   바람 따라 자유롭게 날아갔다 온 오소리 아줌마가 친구의 마음을 흔들었다면, 내 마음에는 오소리 아저씨의 너그러운 태도가 들어왔다. 졸다가 바람에 날려 마을로 날아갔다 온 오소리 아줌마가 느닷없이 남편을 뒷산으로 끌고 가서는 꽃밭을 만들자고 한다.

더없이 좋은 이유, '그냥'

"우리도 꽃밭 만들어요."
"갑자기 무슨 꽃밭을 만들자는 거요?"
"그냥 예쁜 꽃밭이오."

'그냥'이란다, 그냥. 읍내 학교 울타리 안에서 본 예쁜 꽃밭을 갖고 싶은 마음을 오소리 아줌마가 어떻게 설명할 수 있을까? 우리에게도 이런 순간들이 있다. 갑작스런 마음이나 행동 변화를 다른 사람에게 잘 설명하려고 이것저것 끌어오다가 오히려 엉뚱한 이야기로 끝나기도 한다. '그냥'이라는 말이 나에게는 더없이 좋은 이유인데 다른 사람들은 그런 게 어디 있냐고 더 말을 하라니 참으로 난감하다. 다행히 오소리 아저씨는 아줌마 마음을 알아채고 괭이질을 시작한다.

오소리 아저씨는 아줌마가 시키는 대로 괭이로 밭을 일구었어요.
"영차!"
"아니, 여보! 그건 패랭이꽃이잖아요? 쪼지 마세요!"
오소리 아줌마는 봉오리가 맺힌 패랭이꽃을 쫄까 봐 황급히 아저씨의 팔을 붙잡았어요.
오소리 아저씨는 다른 쪽으로 돌아서서 괭이를 번쩍 들었다가,
"영차!" 하고 땅을 쪼았어요.
"에구머니! 그건 잔대꽃이잖아요? 쪼지 마세요."

오소리 아저씨는 조금 비켜 나와,
"영차!" 하고 땅을 쪼았어요.
"안 돼요! 그건 용담꽃이에요, 쪼지 마세요!"

 오소리 아저씨가 땅에 괭이를 내리꽂으면 오소리 아줌마가 깜짝 놀라 손을 내젓는다. 그래서 아저씨가 다른 곳에다 괭이를 꽂으면 거기도 안 된다고 한다. 이렇게 두 번 세 번을 반복하는 동안 그림책을 보는 내 심장이 오그라든다. 아마 내 남편이라면 두 번째 괭이질을 하고 나서 버럭 소리를 질렀을 것이다.
 "그럼 나더러 어떻게 하라는 거야! 나 안 해!"
 이렇게 소리를 지르고 남편은 괭이를 내던지고 좋아하는 텔레비전을 보러 집 안으로 들어갔을 것이다. 그럼 나는 치사하고 무안하여 남편이 내던지고 간 괭이를 들고 구시렁거리다 씩씩거리다 허망하게 서 있었을 거다. 오소리 아저씨는 자기 아내가 바람에 날아갔다 온 것을 안다. 같이 사는 여자가 바람이 불어 어딘가 날아갔다 오는 날에는 설명할 수 없는 행동을 한다는 것도 아는 거다. 다 알고 눈감아 주는 거다.
 오소리 아줌마 같은 부류의 사람이 있다. 나도 새로운 것을 보거나 뭔가 번뜩 느꼈을 때 바로 해 보고 싶어 서두르는 종류의 사람이다. 상황은 그때마다 다르지만 이럴 때 옆에 있는 사람들이 "너 또 시작이냐?"며 삐딱한 눈으로 본다면 마음먹은 일을 용감

더없이 좋은 이유, '그냥'

하게 밀고 나가기 어렵다. 남에게 피해를 주는 일이 아니라면 가족이나 주위 사람들이 모른 척 기다려 주거나 관심을 가지고 바라봐 줄 필요가 있다.

어른 마음이 그런데 아이들이야 오죽하겠는가. 아이들이야말로 '그냥', 앞뒤 생각 없이 호기심에 끌려 하는 행동이 더 많아야 한다. 그렇게 호기심으로 몰고 간 일이 좋은 결과로 끝나면 좋겠지만 사실은 그렇지 않을 때가 더 많다. 똑똑하다는 어른들은 아이들이 과정에서 저지르는 수많은 번거롭고 복잡한 일들을 길게 봐주지 못한다. 심한 경우, 자기 경험에서 얻은 답을 말해 놓고 아이더러 하지 말라고 한다. "도전하라.", "상상하라." 같은 말은 명령어로 이루어질 수 없다. 그 말 속에 들어 있는 엉뚱한 기웃거림, 이유 없는 모방, 그냥 따위를 경험하지 않은 사람은 그런 말을 할 자격이 없다.

오소리 아줌마 호들갑 덕분에 잿골 오소리 부부네 집 뒷산에 그렇게 예쁜 꽃들이 피어 있다는 걸 부부는 다시 깨닫지 않았는가? 내가 오소리 아줌마였다면 내가 시키는 대로 뒷산으로 올라와 쟁기 들고 땅 파고 다시 땅 덮느라 고생한 남편에게 뭐라 말했을까?

"으이그, 내가 미쳤지, 미쳤어. 내가 뭐에 홀려서 그랬을까? 멀쩡한 꽃밭은 다 망칠 뻔하고, 괜히 울 남편만 고생시키고 말이야. 으이구, 미안. 여보, 우리 맛있는 거나 먹으러 가자!"

자꾸자꾸 가난해지는 나이를 맞이하며

•

『구두장이 꼬마 요정』 그림 형제 글 | 카트린 브란트 그림 | 김재혁 옮김 | 보림

•

옛날 옛날에 어떤 구두장이가 살았어요.
구두장이는 잘못한 것도 없는데 자꾸자꾸 가난해지기만 했어요.

    시작 글이 낯설다. 우리가 많이 보던 옛날이야기에서는 뭔가 잘못하거나 지나치게 욕심을 낸 사람이 죄를 받는다. 그런데 이 그림책에는 처음부터 주인공 구두장이가 '잘못한 것도 없는데 자꾸자꾸 가난해진다'고 쓰여 있다. 이 글의 원작자인 그림 형제가 살았던 시절이 지금 우리가 살고 있는 세상이랑 무엇이 닮아 있는 걸까? 우리가 사는 지금 세상 역시 잘못한 게 없는데 사람들은 정신과 물질이 자꾸자꾸 가난해지고 있는 것을 느낀다.
    그림책 속 구두장이는 점점 가난해지다가 결국에는 구두 만들

 자꾸자꾸 가난해지는 나이를 맞이하며

가죽 재료를 살 수 없는 지경이 되었다. 구두장이에게는 이제 마지막 구두 한 켤레를 만들 가죽만 남았다. 구두장이는 여느 때보다 더 정성 들여 그 가죽을 마름질해 놓고 잠이 든다. '궁하면 통한다'는 말이 있듯이 바로 그날 밤에 구두장이에게 기적이 일어난다. 발가벗은 요정 둘이 나타나서 구두장이가 마름질해 놓은 가죽으로 멋진 구두를 만들어 놓고 사라진다. 이 일이 한 번이 아니라 여러 번 반복되는 동안 구두장이는 부자가 된다. 두 요정이 만들어 놓고 간 구두가 너무 훌륭하여 비싼 값에 팔렸기 때문이다.

그리고 마침내 부자가 되었어요.

구두장이가 부자가 되었다면 무엇이 달라졌을까? 이제 구두장이는 돈이 많은 부자가 되었으니 고생스럽게 구두 만드는 일은 그만할 거라는 생각으로 그림책을 보다가 놀라운 장면을 만난다. 맙소사! 예쁜 가죽 구두가 그림책 양쪽 면을 가득 채우고 있다. 갈색, 베이지색, 밤색 수채화 물감으로 세련되게 그려 놓은 서른 켤레 가죽 구두가 부자가 된 구두장이를 설명하고 있다. 그림책을 보는 아이들 중에는 '부자'라는 말뜻도 모른 채 이 구두 그림에 눈을 빼앗기고 보는 아이도 있다. 이 그림책에서 가장 아름다운 장면이다.

그림 형제의 이 이야기는 여러 출판사에서 그림책으로 나왔다. 이야기는 비슷하지만 그림 그리는 화가에 따라 그림책 분위기가 완전히 다르다. 특히 '부자가 되었어요.'라는 대목을 비교해 보면 그림책마다 재미난 차이를 발견할 수 있다. '구두장이는 부자가 되었어요.'라는 문장에 커다랗고 화려한 집을 그려 놓은 그림책도 있다.

구두장이 부부는 밤마다 구두를 만들어 놓고 가는 고마운 존재가 도대체 누구인지 궁금해한다. 어느 날 구두장이 부부는 잠을 자지 않고 몰래 지켜보기로 한다. 밤이 되자, 옷을 입지 않은 요정 둘이 와서 구두를 만들고 있는 게 아닌가? 여기서 우리는 또 한 번 걱정한다. 옛날이야기에서는 밤에 비밀스럽게 일어나는 마술을 훔쳐보는 바로 그 순간에 마술이 풀리고, 마술을 훔쳐본 사람은 큰 화를 당하곤 하니까 말이다.

어쨌든 구두장이 부부는 벌거벗은 요정들을 위해 크리스마스 선물로 옷과 구두를 만들어 선물한다. 그리고 결국 우리가 걱정하는 일이 생긴다. 요정들은 구두장이가 선물한 옷을 입고, 구두를 신고 나서부터 구두장이의 집에 다시 오지 않는다. 그러니까 구두장이 부부가 요정에게 옷과 구두를 선물하지 않았다면 훨씬 더 긴 시간을 부자로 살았을 것이다.

자꾸자꾸 가난해지는 나이를 맞이하며

이 그림책에 나오는 구두장이는 아이들이 모두 떠나가고 아내와 단둘이서 구두를 만들어 파는 중년 아저씨다. 옛날이야기 속에서나 현실에서나 중년 나이에 기술 하나를 가지고 밥벌이를 한다는 사실이 새삼스럽게 중요해 보인다. 이 나이가 되면 행운 같은 것을 바라느니 차라리 내 기술을 가지고 성실히 일하며 사는 편이 훨씬 낫다는 깨달음에 도달한다.

중년의 구두장이 역시 자신을 부자로 만들어 준 행운의 요정이 사라졌으나 그리 아쉬워하거나 호들갑을 떨지 않는다. 요정은 떠나갔어도 자신이 가진 기술은 변함없이 그대로니까. 오히려 구두장이는 그동안 요정 때문에, 요정이 대신 구두를 만들어 놓고 가는 바람에 구두를 만들지 않아 손이 근질근질할 수도 있다.

구두장이 부부는 관대한 행동을 했는데도 불구하고 요정의 마법을 잃어버렸다.
다른 중년 이야기들도 비슷한 관점을 견지한다.
마법의 상실은 윤리적인 문제가 아니라 발달 과정의 문제인 것이다. 이는 〈벌〉이 아니라 단지 〈성장의 결과〉인 것뿐이다.
― 『인생으로의 두 번째 여행』 알랜 B. 치넨 글, 이나미 옮김, 황금가지

알랜 B. 치넨은 지금 구두장이 부부가 중년의 성장 단계를 성숙하게 잘 통과하는 중이라고 말한다. 중년을 산다는 것은 누군

가에게 선물을 받기보다 선물을 베풀 수 있는 때에 와 있다는 게 아닐까? 중년을 맞는 나 역시 구두장이 부부처럼 살고 싶다. 그들처럼 한 가지 기술을 갖고 열심히 일하고, 누구에게라도 선물을 베풀며 살고 싶다.

"한 가지 기술을 갖고 돈을 벌며 누구에게라도 선물을 베푼다."

이 문장대로라면 소박한 중년이 아니라 최고 멋진 중년이다. 한 가지 기술은 무엇이며 베푸는 선물은 또 무엇인가?

지금 중년을 살고 있는 사람들은 잘살고 못살고 하는 형편을 떠나서 무사히 살아 있다는 것 자체가 누군가로부터 선물을 받고 축복을 받은 것이다. 그런데도 우리는 중년 이후에 그 받은 복을 다음 세대에게 선물로 주는 꿈을 꾸지 못하고 그저 지금이 불안하다. 중년 이후에 노년의 삶이 너무 길어진 탓이라고도 하고, 아직도 써야 할 돈이 많이 필요한 탓이라고도 한다. 게다가 세상의 가치는 '구두 서른 켤레'를 가진 쪽보다 '커다란 집'을 가진 쪽을 부자라고 한다. 커다란 집을 갖지 못한 중년들은 걱정이 많아진다. 이 그림책 첫 부분에 쓰여 있듯이 중년을 사는 사람들은 앞으로 '잘못한 것 없이' 자꾸자꾸 가난해질 것이다. 그나마 한 채 있는 아파트도 이것저것 필요에 의해 조금씩 줄여 나가야 할 것이다. 그때마다 불안해할 수는 없지 않은가?

 자꾸자꾸 가난해지는 나이를 맞이하며

나는 몇 년 전부터 남편이 회사를 그만두면, 더는 도시에서 머 뭇거리지 말고 시골에 내려가서 살려고 계획하고 있다. 불과 몇 년 뒤에 다가올 일이기 때문에 남편과 내가 시골에서 무슨 일을 하며 살아야 할까를 꽤 구체적으로 고민하는 중이다. 그런데 그런 고민을 남편과 함께 나눌 때 어려움이 있다. 남편에게 나중에 뭘 하고 싶으냐고 물으면 남편은 그때마다 "나는 별로 할 수 있는 게 없고, 하고 싶은 일이 없다."고 말하며 한마디 덧붙인다.

"내가 하고 싶은 일이 따로 있었으면 지금까지 회사를 못 다녔어."

그건 남편 말이 맞다. 내가 봐도 그동안 남편은 하고 싶은 일을 일부러라도 생각하지 않고 회사에서 일만 하며 나이가 들었다. 그리고 중년을 맞았다. 물론 남편이 지금껏 해 온 일은 회사 밖에서는 더는 필요로 하지 않는 일이다. 구두장이가 열심히 구두를 만든 것처럼, 남편은 성실하게 회사를 다녀 우리 가족을 책임졌지만 이제부터는 무언가 평생 할 수 있는 일을 찾아보아야 한다.

이맘때쯤 우리 집에 마술 부리는 요정이 다녀갔으면 좋겠다. 앨랜 B. 치넨의 말에 따르면 일 때문에 놀이를 포기하고, 책임 때문에 순수를 버리고 산 어른은 요정의 존재를 모른다고 했다. 우리 남편도 일과 책임을 중요하게 여기고 산 사람이라 요정 따위는 모르는 중년 어른이다.

요정을 모르는 그 중년 어른이 어느 날 놀라운 말을 했다.

 자꾸자꾸 가난해지는 나이를 맞이하며

"지금 당장은 아닌데, 그래도 나한테 뭘 하라면 나는 목수 일을 배워 보고 싶어."

나는 남편이 하는 말을 듣고 귀를 의심했다. 우리 남편에게 혹시 요정이 다녀갔는지도 모르겠다. 요정이 소망 없는 중년 아저씨에게 와서 '목수 일을 하고 싶은 소망'을 심어 놓고 갔나 보다. 나는 모처럼 남편에게 찾아온 소망이 사라질까 봐 살살 말했다.

"그래, 그래. 좋다. 당신이 나무를 쪼개어 책상이랑 책꽂이를 만든다고? 생각만 해도 좋다. 이담에 할아버지가 만든 책상에 앉아 있을 손주를 생각해 봐? 좋지?"

『구두장이 꼬마 요정』에서 구두장이가 요정 덕분에 부자가 된 장면이 떠오른다. 가죽 구두 서른 켤레가 나란히 있는 그림책 장면처럼, 내 머릿속에는 우리 남편이 만든 갖가지 농도 다른 갈색 나무 책상들이 겹쳐서 보인다. 나쁘지 않다. 아니 충분히 훌륭하다.

이야기보따리 풀어 놓기

『이야기 주머니 이야기』 이억배 글·그림 | 보림

나는 그림책 선물하기를 좋아한다. 몇 해 동안 설날 세배를 받고 나서 아이들에게 돈 대신 그림책을 건네주었다. 아이들은 내가 그림책에 써 준 덕담을 읽느라 돌아서서 호기심으로 그림책을 펴 보지만 그것도 잠시뿐, 커 갈수록 확실히 돈 봉투를 더 좋아하는 눈치다.

어른들에게 그림책을 선물하는 일에는 용기가 조금 필요하다. 아기를 키우는 엄마들 말고 어른들 대부분은 '왜 이걸 나한테 주는가?' 하는 얼굴이다. 그러나 그림책을 펼쳐 장면을 설명하거나 조금 읽어 주면 단번에 효과가 나온다. 모두들 "어머!" 하고 새로운 얼굴을 한다.

예전에 내가 다니던 명상원에 할머니 자매가 다녔다. 언니는 용인, 동생은 서산에 살기에 우리는 두 분을 용인 할머니, 서산

이야기보따리 풀어 놓기

할머니로 불렀다. 서산 할머니가 몇 년 전 큰 병에 걸려 고생하다가 명상과 채식을 하면서 나아졌단다. 그 뒤 할머니 자매는 일주일에 한 번 수요일에는 배낭을 메고 버스와 지하철을 갈아타면서 그 멀리서 목동까지 명상을 하러 온다. 그러기를 5년째다. 머리가 하얀 자매분이 가부좌를 틀고 명상에 들어가면 몇 시간씩 꼼짝 않고 앉아 있다. 나는 그때 명상도 명상이지만 두 분이 용인, 서산에서 만들어 오는 오미자차, 쑥차, 꽃차, 생강차 같은 귀한 차를 먹는 맛에 빠져 있었다.

어느 때인가 할머니 자매와 명상 선생님 세 명이 설악산 오세암에 갔다. 이분들은 산에 오르면 기운 좋은 소나무 밑에 자리를 잡고 차를 우려 마시고, 가져간 맛있는 밥을 먹는다. 그러고 나면 한참 동안 책상다리를 하고 앉아 명상을 한다. 그날도 그런 일들을 잘 마치고 내려오는 길에 용인 할머니가 그만 절벽 아래로 미끄러지는 사고를 당했다. 정작 사고를 당하는 중에도 용인 할머니 입에서는 간절한 기도가 나왔다.

'부처님, 내가 죽는 건 괜찮습니다. 저 위에 있는 내 동생이랑 선생님이 난처해지는 건 어쩐답니까. 부처님.'

언니가 절벽 아래로 미끄러져 내려가는 그 순간을 막지 못하고 바라보아야 하는 동생 입에서 똑같은 기도가 나왔다.

'관세음보살, 관세음보살, 잘못했습니다. 부처님 잘못했습니다.

우리 언니 살려 주세요.'

　용인 할머니는 미끄러지면서 많이 놀랐고, 허리를 다쳤지만 다행히 빠르게 119 헬리콥터가 와서 병원으로 갔다. 잘 치료하면 괜찮은 정도란다. 이를 지켜본 선생님은 119 헬리콥터에 실려 가는 언니를 보며 서산 할머니가 그만 맥을 놓고 주저앉아 버리는 모습이 더 위험해 보였다고 했다. 소식을 전해 듣는 내 가슴도 벌렁거렸다. 나는 이야기를 듣다가 나도 모르게 양손을 모아 합장하고 있었다.

"살아 주셔서 감사합니다."

　이런 말이 내 입에서 저절로 나왔다. 나는 무사히 명상원으로 돌아온 두 할머니에게 그림책을 드리고 싶었다. 용인 할머니에게는 아카바 수에키치가 그린 『주먹밥이 데굴데굴』을 골랐다. 그림책 속 주인공 할머니가 날마다 깨끗한 주먹밥을 부처님께 바쳐서 나중에 큰 은혜를 입는다는 이야기다. 서산 할머니를 위해서는 이억배가 쓰고 그린 『이야기 주머니 이야기』를 골랐다. 쉽고 재미난 옛날이야기 그림책이라 책에 나오는 옛날 집과 마을 풍경, 그리고 전통 결혼식 장면들을 서산 할머니가 좋아할 것 같았다. 그런데 그림책 『이야기 주머니 이야기』는 서산 할머니에게 엉뚱한 효과를 일으켰다.

　이 그림책에 나오는 주인공 아이는 이야기를 좋아한다. 그런데

이야기보따리 풀어 놓기

이 아이는 이야기를 종이에 써서 벽장에 차곡차곡 모아 두고는 혼자만 즐긴다. 이야기라는 것이 남들에게 몇 번 들려주다 보면 저절로 머리에 새겨지는 것인데 아이는 글로 옮겨 벽장에 꼭꼭 가두어 놓기만 한다. 이야기들은 벽장에 갇혀 있는 것보다 사람들 입에서 입으로 흘러가면서 널리 퍼지는 게 훨씬 좋다. 결국 벽장 속에 갇혀 있던 이야기들은 무서운 독으로 변한다.

"아이고, 이거 답답해서 못 살겠다."
"이놈이 우릴 주머니에 가두어 놓고 영 풀어 주질 않네. 숨 막혀 죽겠다. 도대체 바깥 구경한 게 언제냐?"
"이렇게 꼼짝없이 갇혀 있다가는 모두 죽겠다."
"안 되겠다. 우리가 이놈을 혼내 주자."

아이가 자라서 장가를 가게 되었는데, 장가가기 전날 벽장 속 이야기들은 '독이 든 옹달샘, 독이 든 산딸기, 독이 든 청실배, 독뱀'으로 변신하여 신랑을 길에서 죽이기로 작전을 짠다. 신랑 옆에 있는 지혜로운 머슴이 벽장에서 들려오는 이야기들의 계획을 들었으니 망정이지 아니었다면 신랑은 장가가는 날이 바로 저 세상 가는 날이었을 것이다.

서산 할머니는 이 그림책을 배낭에 넣어 가지고 서산에 내려가서 혼자 읽었다. 그리고 명상 선생님께 물었다.

"미자 씨 혹시 무당 아니여?"

서산 할머니 사는 곳이 충남 서산, 그 유명한 마애삼존불상이 있는 동네다. 할머니는 할아버지랑 그 마을에서 20년 넘게 살면서 마을 사람 몇 명 말고는 이야기를 트지 않고 살았다. 몸이 아픈 뒤로는 사람이 귀찮고, 사람이 모여 말이 많아져 시끄러운 것도 싫었다. 들고 나는 사람 없이 서로 얼굴 다 알고 지내는 곳이라 이웃을 아주 몰라라 할 수는 없어, 할아버지가 할머니 몫까지 대신해 마을 행사나 잔치에 부지런히 다녔다. 동네 사람들은 그런 할머니를 보며 수군거렸다.

"혼자 마당에서 명상하는 할머니, 혼자 녹차 만들어 마시는 할머니, 수요일마다 배낭 메고 서울 가는 할머니……."

마을 사람들끼리 궁금함을 더하여 할머니 이야기를 한다는 걸 알고 있었지만 못 본 척, 못 들은 척하고 살았다. 그러다가 지난 번 언니가 오세암에서 변을 당하고부터 이상하게 서산 할머니 삶에 회의가 찾아왔다.

"나는 왜 이렇게 살까?"

"나는 왜 이렇게 까칠할까?"

서산 할머니는 명상을 하면서도 이 물음에 답을 얻고 싶은 마음 간절했다. 그런 차에 『이야기 주머니 이야기』를 선물로 받고, 할머니는 혼자 그림책을 소리 내어 읽으면서 몸에 소름이 끼쳐

이야기보따리 풀어 놓기

왔다. 이야기 하나하나가 딱 자기한테 하는 소리 같았다.

요즘 서산 할머니는 저녁에 마당 평상에다 찻상을 펼쳐 놓고 다기를 꺼내어 동네 젊은 아낙들이랑 녹차를 나누어 마신다. 이 사람들은 벌써부터 할머니가 마당에 녹차를 키우고, 잎을 따서 차를 만들어 우려먹는 걸 다 알고 있었고, 같이 어울려 배우고 싶었다. 그러나 할머니가 곁을 안 주니 멀리서만 바라보았지 감히 말을 걸어오지 못했던 거다.

서산 할머니는 그림책 속 신랑처럼 되고 싶지 않아 마음속 이야기보따리를 풀어 놓고 살기로 했다. 여러 사람이 찻상을 가운데 놓고 마주 앉아 녹차를 마시는 시간은 경건하고 또 사랑스럽다. 한 번 자리하고 앉기가 어렵지, 시작하면 녹차 마시는 시간은 길게 이어진다. 녹차는 첫 번째보다 두 번째 우려낸 것이 더 맛있다. 그리고 나서도 다섯 번, 여섯 번까지도 녹차는 은은하게 우러난다. 사람을 만나 이야기를 나누는 것도 녹차와 닮아 있다.

사람들과 어울려 이야기를 나누고 내 생활을 내보이는 것이 꼭 좋은 결과만 가져오는 것은 아니다. 시간을 내야 하고 장소를 마련해야 하고, 모이는 사람들의 눈높이를 맞추어야 하고 때로는 듣고 싶지 않은 소리를 긴 시간 참고 들어야 한다. 몸에 크고 작은 불편함을 지고 사는 이들은 사람이 모여 웃고 이야기 나누는 일들이 귀찮고 덧없이 느껴질 때가 많다. 때로는 건강한 사람들

쪽에서 몸 불편한 사람을 낯설어하기도 한다.

그러나 그런 중에도 우리는 살면서 '좋은 것과 옳은 것이 무엇인가?' 하는 스스로의 질문을 포기할 수가 없다. 그 질문이 시작되면서부터 마음은 불편하고 괴롭지만 또 그것 때문에 사람은 변화하고 생각이 자란다. 그 끝에서 다시 관계를 선택한다. 사람이 살아 있는 동안은 관계를 포기할 수 없고, 그 관계에서 오는 기쁨, 보람, 실망, 매력, 기대 들이 어쩌면 우리 삶 전체를 이룬다.

나는 서산 할머니처럼 신중하지도 않고 가부좌를 틀고 앉아 답을 구하는 진지함도 부족하다. 분명한 건 나 역시 사람들과의 관계 속에서 힘이 나는 사람이라는 것이다. 내가 사람들과 소통하고 싶고, 말 걸고 싶고, 내 진심을 보여 주고 싶을 때 그림책이 큰 역할을 해 주었다. 옛날이야기에서 재미난 이야기를 벽장 속에 가두어 두면 독이 되는 것처럼 좋은 그림책을 책꽂이에만 꽂아 두면 안 될 것 같다. 힘들 때 나를 도와주었던 그림책, 내 인생관을 흔들어 놓은 그림책, 내 소망을 대신 이야기해 준 그림책 들은 꺼내 볼 때마다 새로운 이야기가 들려오고 새로운 상상을 하게 한다. 평생토록 그림책 상상을 이어 가며 사람들과 그림책을 놓고 관계를 맺을 것 같은 좋은 예감이 든다. 지금까지 만난 사람들도 그렇게 그림책을 사이에 놓고 이어진 소중한 인연들이다.

이야기보따리 풀어 놓기

그림책에 흔들리다

2016년 5월 10일 처음 찍음 | 2021년 1월 15일 네 번 찍음

지은이 김미자
펴낸곳 도서출판 낮은산 | 펴낸이 정광호 | 편집 조진령 | 디자인 박대성 | 제작 정호영 | 본문 그림 김미자
출판 등록 2000년 7월 19일 제10-2015호
주소 04048 서울시 마포구 어울마당로5길 16 반석빌딩 3층
전화 02-335-7365(편집), 02-335-7362(영업) | 팩스 02-335-7380
홈페이지 www.littlemt.com | 이메일 littlemt2001ch@gmail.com | 트위터 @littlemt2001hr
제판·인쇄·제본 상지사 P&B

© 김미자, 2016

ISBN 979-11-5525-059-4   03810

이 도서의 국립중앙도서관 출판예정도서목록(CIP)은 서지정보유통지원시스템
홈페이지(http://seoji.nl.go.kr)와 국가자료공동목록시스템(http://www.nl.go.kr/kolisnet)에서
이용하실 수 있습니다.(CIP제어번호: CIP2016010511)

* 잘못 만들어진 책은 바꾸어 드립니다. * 책값은 뒤표지에 표시되어 있습니다.
* 이 책 내용의 일부 또는 전부를 재사용하려면 반드시 저작권자와 도서출판 낮은산 양측의
동의를 받아야 합니다.